Das Neckar-Enz Kochbuch

– Genuss zwischen Fachwerk und Weinberg –

Waltraud Weller, Waltraud Müller, Ursula Leuze, Marianne Schleicher

ISBN 978-3-86037-473-3

1. Auflage

©2012 Edition Limosa GmbH
Lüchower Straße 13a, 29459 Clenze
Telefon (0 58 44) 97 11 63-0
Telefax (0 58 44) 97 11 63-9
mail@limosa.de, www.limosa.de

Redaktion:
W. Weller, W. Müller, U. Leuze, M. Schleicher

Lektorat:
Doreen Rinke

Satz und Layout:
Christin Stade, Zdenko Baticeli, Lena Hermann

Korrektorat:
Ulrike Kauber

Unter Mitarbeit von:
Britta Arndt

Medienberatung:
Waltraud Weller, Jörg Hanczuk

Gedruckt in Deutschland.

Waltraud Weller, Waltraud Müller, Ursula Leuze, Marianne Schleicher

DAS NECKAR-ENZ KOCHBUCH

Genuss zwischen Fachwerk und Weinberg

Inhaltsverzeichnis

Wenn nicht anders vermerkt, sind alle Rezepte für vier Personen ausgelegt.

Hügeliger Stromberg

Geschichten und Erzählungen

Die Autorinnen

Waltraud Weller – Fotografin durch und durch, liebt schöne Reisen, kocht und genießt gerne leckeres Essen mit Freunden. Als VHS-Referentin gab sie über mehrere Semester Kochunterricht zum Thema »Internationale Feinschmeckerküche«. Waltraud Weller hatte ihre Ideen eingebracht und mit ihren eigenen Rezepten fing alles an. Bei ihr sind alle Fäden zusammengelaufen, sie hatte die Gesamtorganisation inne. Waltraud Weller durchstreifte zudem tagelang, Monat für Monat, mit der Kamera unsere Heimat, um immer noch schönere Bilder für das Buch einzufangen.

Waltraud Müller – sie konnte durch ihre ehemalige Tätigkeit für den Gewerbe- und Handelsverein Bietigheim viele Kontakte für unser Kochbuch in die Wege leiten. Es ist ihr ein Anliegen, Sie auf diesen kulinarischen und kulturellen Streifzügen durch unsere Region zu begleiten. Waltraud Müller gab viele Anregungen, recherchierte über Wissenswertes zu Stadt und Land und informiert über Sehenswertes in unserer Region, sammelte Zitate und Gedichte aus unserer Heimat rund ums Kochen und tippte Texte, unterstützt von Ursula Leuze.

Ursula Leuze – Katzen-, Rosen- und Kunstliebhaberin mit Bodenhaftung, liebt alles Kreative sowohl beim Kochen als auch beim Gestalten von Haus und Garten und sie ist eine leidenschaftliche Köchin von frühester Jugend an. Ursula Leuze stellte Kontakte zu heimischen Gastronomen und Vermarktern her. Sie lieferte Rezepte, tippte unermüdlich, korrigierte, ergänzte, grenzte Fehler aus, mit tatkräftiger Unterstützung von Waltraud Weller.

Marianne Schleicher – begeisterte Hobbygärtnerin und Aquarelldozentin an der VHS findet den nötigen Ausgleich beim Kochen ihrer vielseitigen Rezepte, die vor allem persönliche Variationen beinhalten. Marianne Schleicher lieferte Rezepte und stellte einige ihrer Aquarellbilder zur Verfügung.

Blumeninsel in den Metteranlagen

Unsere Heimat – im Herzen des Ländles

Im nördlichen Kreis Ludwigsburg »im Herzen des Ländles« liegt unsere Heimat – eingebettet in eine reizvolle Landschaft zwischen Hohenasperg, Neckar, Enz und Metter – umgeben von Weinberghängen, Feldern, Wäldern und Wiesen und begrenzt vom Stromberg im Norden.

Erkunden Sie die herrliche Landschaft mit ihren malerischen, historischen Orten. Ein Lebensraum mit Charme, Lebensfreude und einer guten Mischung aus Tradition, Moderne, Kunst und Kultur. Das Ländle zwischen dörflicher Idylle und städtischem Flair ist ein ideales Naherholungsgebiet, sei es bei einer Wanderung durch die Weinberge, durch Wald und Flur, bei einer Radtour auf dem Enztalradweg oder entlang der Fachwerkstraße. Entdecken Sie die Faszination unserer Region auf einer kulinarischen Reise. Ob im Gourmet-Restaurant, einem Landgasthof oder in einer urigen Besenwirtschaft, genießen Sie Leckeres aus heimischer Küche und Keller.

Mit Rezepten wie zu Großmutters Zeiten, überlieferten Kochnotizen, mit neuen Kochideen und mit nicht nur schwäbischen Gerichten wollen wir die Lust am Kochen wecken. Probieren Sie Ihr Können am Herd aus, sowohl mit einfachen als auch raffinierten Kompositionen mit Verwöhneffekt. Die herrlichen Bilder, die köstlichen Rezepte, die wertvollen Tipps, Geschichtliches und Wissenswertes mögen Ihre Neugier für unsere Heimat wecken.

Wir wünschen Ihnen viel Freude und Inspiration mit unserem Kochbuch.

Waltraud Weller   Waltraud Müller   Ursula Leuze   Marianne Schleicher

Grußwort von Oberbürgermeister Jürgen Kessing

Sehr geehrte Damen und Herren,
liebe Leserinnen und Leser,

vier engagierte Bürgerinnen unserer schönen Region haben sich der Aufgabe gestellt, unsere Region an Neckar und Enz kulinarisch-kulturell zu präsentieren. Ich danke den Autorinnen für das neue Kochbuch für die Region Neckar-Enz sehr herzlich. Sie haben sich nicht nur die Mühe gemacht, die schwäbische Küche »zwischen Fachwerk und Weinberg« vorzustellen, sondern auch die schwäbisch-regionale Geschichte, interessante Veranstaltungen und landwirtschaftliche Produkte unserer vielseitigen Landschaft zu präsentieren.

Bücher sind heute zwar nicht mehr das kulturelle Leitmedium. Die Menschheit entwickelt immer neue Ausdrucksformen, um ihrem Lebensgefühl Ausdruck zu verleihen; auf die Erfindung der Schrift und des Buchdrucks sind weitere Neuerungen gefolgt, die die Gewohnheiten der Menschen geprägt haben. Doch das Aufkommen neuer Medien bedeutet keineswegs, dass die alten keinen Bestand mehr haben. Eher ist das Gegenteil der Fall. Prophezeiungen über das Ende der Lesekultur schrecken die Öffentlichkeit schon seit Jahrhunderten in mehr oder weniger regelmäßigen Abständen auf. Doch weder das Aufkommen des Films noch die flächendeckende Nutzung des Fernsehens haben das Buch in die hinterste Ecke gedrängt. Das werden auch die neuen Medien nicht tun. Im-

Historischer Handwerkermarkt zur
1200-Jahr-Feier in Bietigheim-Bissingen

Blick auf Bietigheim vom Enzufer

merhin gibt es schon Untersuchungen, die darauf hindeuten, dass die Computernutzer und Internetsurfer sogar mehr lesen als die Computerabstinenten.

Ich habe deshalb keine Zweifel, dass das Buch nach wie vor eine Zukunft hat. Lesen hat seinen eigenen Reiz – und den wird es behalten. Auch und gerade in unserer von Bildern überfluteten Welt ist es angenehm, wenn nicht gar erholsam, sich zu dem, was man aufnimmt, seine eigenen Bilder zu machen. Auch haben Bücher etwas ungemein Praktisches: Man kann sie überallhin mitnehmen, man kann sie mit Anstreichungen versehen, man kann sich mit ihnen in eine gemütliche Ecke zurückziehen. Gerade Kochbücher haben in der jüngsten Zeit wieder viel Zuspruch erfahren. Schöne Bilder und interessante Geschichten gekonnt vereint zu sehen, ist eine Leistung, die der Internetnutzer nicht ohne weiteres im weltweiten Netz findet. Daher hoffe ich, dass auch dieses neue Kochbuch viele Leser erfreuen wird und unsere Region über ihre Grenzen hinaus bekannter macht.

Ich wünsche Ihnen dabei viel Freude.

Mit freundlichen Grüßen

Jürgen Kessing, Oberbürgermeister

Jürgen Kessing,
Oberbürgermeister

Die Bindestrich-Stadt Bietigheim-Bissingen

Bietigheim-Bissingen ist dank der guten Verkehrslage leicht zu erreichen. Die Autobahn A81 ist nicht weit, die B27 führt mittendurch, zwei Haltestellen der Bahn kann die Stadt bieten. Der Bahnhof Bietigheim wurde 1846 eingeweiht und ist seither das Bindeglied zwischen den Stadtteilen Bietigheim und Bissingen und dem Stadtteil Buch. Die Altstadt Bietigheim, das Schulzentrum sowie der Badepark sind vom Haltepunkt Ellental aus leicht zu erreichen. Eine Buslinie verbindet die entfernteren Ortsteile, Untermberg, Metterzimmern, Kammgarnspinnerei, Sand und Buch mit den Kernstädten Bietigheim und Bissingen.

Im Jahre 1975 hat sich die Bindestrich-Stadt nach langem Ringen zusammen gefunden, der damalige Innenminister und ehemalige Bürgermeister von Bietigheim, Lothar Späth, hat dabei Geburtshilfe geleistet. Es war eine nicht ganz einfache Zusammenführung, keiner wollte auf seinen Namen verzichten. Weder »Enzstadt« noch »Bibistadt« oder andere Kunstnamen fanden die Zustimmung der Kontrahenten. Bereits 1911 versuchte der Bietigheimer Bürgermeister Mezger den Bissinger Bürgermeister Kälble für einen Zusammenschluss der beiden Orte und dann wenigstens den Anschluss der Parzelle beim Bahnhof an Bietigheim zu gewinnen. Damals spottete man in Bietigheim und in Bissingen: »Der Me(t)zger hätte das Kälble gern geschlachtet, aber der Me(t)zger wird mit dem Kälble nicht fertig.«

*Metterbrückle zur Altstadt,
Bietigheim-Bissingen*

Unteres Tor, Bietigheim-Bissingen

Im Jahre 1933 wurde abermals ein Versuch gestartet und weitere Bestrebungen gab es in den 1960er Jahren, aber jeweils ohne Erfolg. 1971 scheiterte eine Vereinigung der beiden Orte an der Ablehnung durch Bissingen in einer Abstimmung. Die Identifikation der Bissinger mit ihrem Dorf war stark, eine gemeinsame Geschichte der beiden Orte gab es kaum. Die Furcht, von dem »großen Bräutigam« einfach geschluckt zu werden und »unter die Räder« zu kommen, war groß. Böse Zungen erzählten, verärgerte Bietigheimer wollten daraufhin den Viadukt über die Enz zumauern, um die Trennung sichtbar zu machen, dies ist jedoch eine nicht bewiesene Behauptung.

Die Baden-Württembergische Gemeindereform zwang die beiden dann endgültig zu einem Miteinander. So wurde dann doch noch glücklich die Bindestrich-Stadt Bietigheim-Bissingen geboren. Heute ist es eine erfolgreiche Verbindung und den Zusammenschluss hat bis jetzt niemand bereut. Die Jugendlichen von heute kennen sowieso nur ihre Stadt Bietigheim-Bissingen, in der so viel los ist und die im schulischen Bereich, bei Sport, Kultur, Freizeit, mit Freunden und im Beruf für Jedermann etwas zu bieten hat.

11

Das Viadukt, Wahrzeichen von Bietigheim-Bissingen, gespiegelt in der Enz

Wochenmarkt vor dem Rathaus in Bietigheim

Gebratener Grüner Spargel

600 – 800 g grüner Spargel	waschen, das untere Drittel abschneiden, die untere Hälfte der Spargelstangen schälen und zur Seite legen.
50 g Butter	in einer großen Pfanne aufschäumen lassen, danach die Hitze reduzieren.
4 EL Olivenöl	sowie den Saft von
1 Zitrone	über den Spargel geben, etwa 10 bis 12 Minuten bei mittlerer Hitze gar dünsten, so dass der Spargel noch Biss hat. Mit
1 Prise Salz	
Pfeffer (schwarz, frisch gemahlen)	würzen und in einem kleinen Topf etwas einkochen lassen. Danach den Spargel auf die vorgewärmten Teller verteilen und
6 EL Balsamico-Essig	darüber träufeln.
200 g Parmesan	in dünnen Spänen darüber hobeln.
200 g Serrano-Schinken (dünn geschnitten)	zu Röllchen formen und den Spargel damit dekorieren.

12

Alte Michkannen als Zierde

Ziegenkäse mit Honig und Speck

300 g Ziegenfrischkäse (in der Rolle)	in 12 Scheiben schneiden.
20 g Honig	mit
1 Msp. Senfpulver (im Glas)	
1 TL Thymian (frisch gehackt)	sowie
1 TL Rosmarin (frisch gehackt)	verrühren.
80 – 100 g Speckwürfelchen	in einer Pfanne kurz anbraten.
1 Kopfsalat (nach Saison und Belieben)	putzen und waschen. Aus
2 EL Rotweinessig	
4 EL Traubenkernöl	sowie
Salz, Pfeffer	eine Marinade bereiten. Ziegenkäsescheiben mit dem Honigkräuter-Gemisch bestreichen, mit
40 g Weißbrot (fein gerieben)	bestreuen und unter dem vorgeheizten Grill rasch goldbraun überbacken.

Den Käse auf den Tellern anrichten, mit Salat umlegen, den Speck darüber streuen und das Ganze mit der Marinade beträufeln.

13

Gemütliche Altstadtidylle mitten in Besigheim dem »Schönsten Weinort Deutschlands«

Altes Fachwerkhaus mit Sonnenblumen

Bietigheimer Weinregister

Das Hornmoldhaus mit seinem herrlichen Fachwerk beherrscht das Stadtbild von Bietigheim. Das marode Bürgerhaus wurde dank der aufwändigen Restaurierung zu einem Schmuckstück ohnegleichen. Heute zeigt sich das Patrizierhaus in seiner ganzen Pracht mit reichen Malereien aus der Renaissancezeit und ist das viel besuchte Museum der Stadt mit besonderen Ausstellungen.

Der Weg durch die Räume des Hauses ist zugleich ein Gang durch die Zeitgeschichte der Stadt Bietigheim. Ein Raum im Museum ist dem Weinbau gewidmet. In einem kleinen Wandschrank, dessen Türen mit Wappen und einem Bacchus bunt bemalt sind, bewahrt man die Chronik des Weinbaus auf. Diese bis heute fortgeführte und im Hornmoldhaus unter dem Namen »Die wahre Consignation« ausgehängte Tafel, ist eine Stadtchronik der ganz besonderen Art und wurde von Otto Rombach, dem Schriftsteller, beschrieben.

Unter dem Vogt Sebastian Hornmold wurde im Jahre 1550 die Bietigheimer Weinrechnung begonnen. Sie war die Berechnungsgrundlage für den Weinhandel in der Stadt. Die Preise, die erwirtschaftete Menge, welche Qualität der Rebensaft erreichte und wie das Klima war, wurde Jahr für Jahr festgehalten. Daraus ist das Auf und Ab im Wohlergehen der Stadt abzulesen.

Es sind Formulierungen zu lesen wie:

– 1552 »Diß Jahr war eine große Summa Weins« oder »Dieser Wein ist gar gut gewesen«
– 1628 »War ein wiedsaurer Wein« oder »unerhört sauer«
– 1679 »wieder köstlich sauer«
– 1682 »Möchte ein wenig besser als der von 1679 sein« oder aber auch »ein feiner Wein«. Die Ernte 1731 wurde notiert mit: »Zimlich viel und gut«.

2010 konnte zur Weinernte der Stadt unter anderem folgendes vermerkt werden: »Qualität gut, Quantum 627 Hektoliter«.

Es gehört zur vornehmsten Pflicht eines jeden Bietigheimer Oberbürgermeisters

den jährlichen Eintrag in das Weinregister vorzunehmen. Das Original selbst muss aus konservatorischen Gründen in den klimatisierten Archivräumen unter gleichbleibenden Feuchtigkeits- und Wärmegraden sorgfältig vor zu viel Licht und Beschädigungen geschützt werden. Im Jahre 1894 fertigte der Lehrer A. Moser eine originalgetreue Kopie an. Aber auch die Kopie wird pfleglich behandelt, zur Niederschrift muss der Oberbürgermeister weiße Baumwollhandschuhe tragen.

Weinregister-Schrank

Entenfilet auf Rucolasalat

1 Entenfilet (Entenbrust, ca. 400 g)	waschen, trocknen und mit
Salz, Pfeffer (schwarz, aus der Mühle)	würzen. Dann im Backofen etwa 10 Minuten (kleine Stufe) mit der Fettseite nach oben grillen und dann nochmals drehen und weitere 5 bis 7 Minuten grillen.
1 Bund Rucola	waschen und eine Vinaigrette aus
3 EL Himbeeressig	
5 EL Olivenöl	sowie
Salz, Pfeffer	herstellen. Den Rucola auf dem Vorspeisenteller verteilen, die in feine Scheibchen geschnittenen Entenfiletstücke im Kreis auslegen und die Vinaigrette darüber gießen.
50 – 80 g Pinienkerne	in etwas
Olivenöl	rösten und darüber streuen.
8 Kirschtomaten	vierteln und die Entenfilets damit garnieren.

15

Alter Heuwagen in dem malerischen Ort Ochsenbach

Hornmoldhaus, städtisches Museum in Bietigheim

Kürbiscarpaccio

1 kleiner Hokkaido-Kürbis	aufschneiden, schälen, in dicke Scheiben schneiden und in einer großen, beschichteten Pfanne in
5 EL Olivenöl	ungefähr 20 Minuten dämpfen. Nach dem Abkühlen in dünne Scheiben schneiden und fächerartig auf dem Teller ausbreiten. Eine Vinaigrette aus
4 EL Olivenöl	
3 EL Himbeeressig	
1 EL Senf	
1 TL Kräutersalz	
1 Knoblauchzehe (fein geschnitten)	sowie etwas
Petersilie (klein geschnitten)	zubereiten und gut vermischen.
Pfeffer (schwarz, aus der Mühle)	darüber geben.
8 Kirschtomaten	vierteln und jeweils auf den Tellern verteilen.
4 EL Kürbiskernöl	darüber träufeln.
100 g Parmesan	darüber raspeln, mit
Kresse, Rucola	und
12 Basilikum-Blätter	garnieren.

Dazu werden kleine, warme Ciabatta-Brötchen gereicht.

16

Mit Kräutersalz »Classic« von Brecht kann man viele Speisen geschmacklich abrunden.

Vielfätiges Kürbisangebot

Kürbiscarpaccio mit Parmesan und buntem Salat

Geräucherter Lachs mit Gurken

½ Salatgurke	schälen, der Länge nach halbieren, Kerne entfernen und in Würfel schneiden. Den Abrieb von
¼ Orange	mit
1 EL Orangensaft	
1 EL Olivenöl	sowie
½ TL Senf (grobkörnig)	mischen, Gurken dazugeben und mit
Salz, Pfeffer	würzen, beiseite stellen.
200 g geräucherter Lachs	in kleine Streifen schneiden, mit
½ Schalotte (fein gehackt)	und
1 TL Zitronensaft	mischen, wenn nötig, mit
Salz, Pfeffer	abschmecken. Den Lachs mittig auf Teller geben und
180 g Sauerrahm	über den Lachs verteilen. Die Gurkenmischung um den Lachs drapieren.

17

Mit Ackersalat oder Kresse garnieren.

Glückliche Pferde auf der Weide am Ochsenbächle

Straßenschild »Am Ochsenbächle«

Am Ochsenbächle

Feine Lachsterrine

5 Blatt weiße Gelatine	nach Packungsanleitung einweichen. Von
1 Bund frischer Dill	Spitzen abzupfen und fein hacken. Den Dill mit
300 g Schmand	
3 EL Delikatess-Senf (mittelscharf)	und
3 TL Bienenhonig	glatt rühren. Die Gelatine tropfnass bei kleiner Hitze auflösen. Etwa 2 bis 3 Esslöffel der Schmand-Mischung einrühren. Die Gelatinemasse dann unter die restliche Schmand-Mischung rühren. Eine kleine Kastenform (Inhalt 1 l) erst mit Klarsichtfolie, dann mit
400 g Skandinavische Räucherlachs-Scheiben	so auslegen, dass sie an den Seiten überhängen. Den restlichen Lachs grob würfeln.
200 ml süße Sahne	steif schlagen, mit dem restlichen gewürfelten Lachs und Dill unter die Schmand-Mischung heben, mit
Salz, Pfeffer	würzen. Die Masse in die Form geben, Lachs darüber schlagen. Mit Folie abdecken und über Nacht im Kühlschrank fest werden lassen.

18

Vor dem Servieren die Terrine stürzen, die Folie entfernen.
Mit einem scharfen Messer einzelne Scheiben abschneiden.
Die Terrine mit Salat oder mit frischem Baguette servieren!

Liebevoll geschmückter
Hauseingang in Besigheim

Schnellbahnstrecke Stuttgart –
Mannheim beim Leinfelderhof

Die »Weinstube Burghof« hinter der Bietigheimer Kelter

... ist ein ursprünglich zweistöckiges, giebelständig nach Osten ausgerichtetes Fachwerk-haus aus dem 16. Jahrhundert mit angebauter Scheune und großem Weinkeller, ehe-mals rundbogigem Eingang, Zwerchhaus, Erdgeschoss und 1972 vollständig veränderter Scheune. Am Ostgiebel sieht man Knaggen und Eckständer. Familie Volz erwarb 1965 das Haus. Der tiefe und große Keller war geradezu ideal für die Küferei und dem damit verbundenen Lagern von Mostobst als auch für die Herstellung des eigenen Weines. 1974 eröffnete die Familie die Weinstube und Gaststätte Burghof. Das Gebäude steht auf sehr historischem Grund, nämlich dem ehemaligen Burghof-Gelände der »Bietigheimer Burg«, daher auch der Name »Burghof«. Reiner Volz betreibt die »Weinstube Burghof« als Speiselokal, bekannt sind seine Rostbraten-Variationen. Zusätzlich ist er verantwort-lich für die Bewirtschaftung der unmittelbar angrenzenden Bietigheimer Kelter.

Traum einer Verkehrsplanung in der Hauptstraße. So stellte man sich um 1900 die Zukunft in Bietigheim vor.

Restaurant und Weinstube »Burghof«, gemütliche Gastlichkeit

Schweinebäckle geschmort auf Lebkuchen-Alblinsen und Rotkraut

Von Philip Gäbelein, Hotel und Restaurant »Eberhard's« in Bietigheim-Bissingen

2 EL Rapsöl	in einer Pfanne erwärmen.
8 Schweinebäckle (beim Metzger vorbestellen)	von beiden Seiten darin anbraten, bis sie eine schöne Farbe haben.
100 g Sellerie	sowie
150 g Lauch, 1 Karotte	klein schneiden, zum Fleisch in die Pfanne geben und mitrösten.
1 EL Tomatenmark	dazugeben und mit
250 ml Rotwein	ablöschen.
1 Lorbeerblatt	sowie
3 Wacholderbeeren	dazugeben. Das Ganze einköcheln lassen und den Vorgang mit
500 ml Brühe	wiederholen. So lange köcheln lassen, bis die Schweinebäckle weich sind. Dann mit
1 Prise Salz, Pfeffer (schwarz, aus der Mühle)	würzen. Das Fleisch entnehmen, die Soße abschmecken, durch ein enges Sieb passieren. Das Fleisch wieder dazugeben und von der Herdplatte ziehen.
200 g Alblinsen	nicht einweichen. Einen Topf mit
250 ml Wasser	aufstellen, die Linsen hineingeben und langsam kochen lassen, bis sie noch einen leichten Biss haben, danach abschrecken.
500 ml süße Sahne	in einen Topf geben.
Lebkuchengewürz	nach Geschmack dazugeben und leicht kochen lassen.
100 g Lebkuchen	in kleine Würfel schneiden, zusammen mit den Linsen zur köchelnden Sahne geben. Abschmecken und den Topf von der Herdplatte nehmen.

20

Wasserspiel »Enzblume« an der Enzbrücke in Bietigheim-Bissingen

¼ Rotkrautkopf	ganz fein schneiden, in einen Gefrierbeutel geben und mit
2 EL Rotweinessig	
250 ml Rotwein	
2 EL brauner Zucker	
1 Prise Salz, Pfeffer (aus der Mühle)	auffüllen. Die Tüte verschließen. So lange wie möglich mit den Händen kneten. Je länger Sie kneten, desto schöner ist die Farbe Ihres Krauts. Den Beutel über Nacht im Kühlschrank ziehen lassen.

Die Bäckchen mit den Linsen und dem Kraut auf Tellern anrichten. Sie können das Rotkraut bereits einen Tag vorher vorbereiten, das erhöht Geschmack und Farbe.

21

Hotel und Restaurant »Eberhard^s« mit Sitzmöglichkeiten über der Enz

Blick zum Enzsteg mit Viadukt vom Restaurant »Eberhard^s«

Warme Steinpilzchampignons auf Rucola

Von Familie Kiemle, Gärtnerei in Bietigheim-Bissingen

4 kleine Bund Rucola	waschen und trocknen.
2 mittelgroße Zwiebeln	in kleine Würfel schneiden, in
40 g Butter	goldgelb braten und
800 g Steinpilzchampignons (geschnitten)	dazugeben, andünsten. Mit
Salz, Pfeffer	und wenig
Zucker	würzen. Ein Salat-Dressing aus
6 EL Essig (Himbeeressig)	
3 EL Olivenöl	
375 ml süße Sahne	sowie
Salz, Pfeffer	zubereiten und zum Abschmecken
1 EL Senf (mittelscharf)	unterrühren. Die Champignons auf dem Rucola mit Dressing anrichten.

22

Ehemalige Frühbeete der Familie Kiemle, Gärtnerei

Familie Kiemle aus Bissingen, festlich angezogen

Spargel mit Passionsfrucht in der Folie gegart und Scampi

Von Philip Gäbelein, Hotel und Restaurant »Eberhard³« in Bietigheim-Bissingen

20 Stangen weißer Spargel	waschen, schälen und die holzigen Enden abschneiden.
2 Passionsfrüchte	halbieren, das Fruchtfleisch mit einem Löffel herauskratzen und mit
100 ml Passionsfruchtsaft	sowie dem Mark von
1 Vanilleschote	und
1 EL Ahornsirup	verquirlen. Langsam
100 ml Rapsöl	dazugießen, dabei kräftig weiter rühren. Das Dressing mit
1 Prise Salz, Pfeffer	kräftig abschmecken. Den Backofen auf 200 °C vorheizen. Ein Stück Alufolie in eine Auflaufform legen. Den Spargel darauf verteilen, das Passionsfrucht-Dressing darüber träufeln. Die Alufolie zusammenfalten, so dass keine Flüssigkeit austreten kann. Die Auflaufform in den Ofen schieben, den Spargel etwa 25 bis 30 Minuten schmoren.
4 Scampi	der Länge nach halbieren, jeweils den schwarzen Darmfaden entfernen und die Scampi abbrausen.
1 rote Chilischote	waschen, entkernen und fein würfeln.
2 Knoblauchzehen	schälen und fein hacken.
2 Stängel Thymian	fein hacken, mit dem Knoblauch und
50 ml Rapsöl	verrühren. Die Scampi mit der Marinade übergießen und in einer heißen Pfanne 3 bis 4 Minuten braten, anschließend mit
Salz, Pfeffer	würzen. Den Spargel aus dem Ofen nehmen und mit den Scampi servieren.

23

Schmalztöpfchen, Sammlung Gerda Ott, Stuttgart

Spargel, täglich frisch gestochen

Von Elke Scheuler

Feinschmecker können sich freuen, wenn die Spargelsaison eröffnet ist. »Königliches Gemüse«, »Frühlingsluft in Stangen«, »essbares Elfenbein« – so vielfältig die Vergleiche, so groß ist auch die Faszination, die Spargel immer wieder und durch die Jahrhunderte auf viele Feinschmecker aus allen Erdteilen ausübt.

Von Anfang April bis zum 24. Juni, dem Johannitag, wird traditionell der Spargel gestochen, danach darf sich die Pflanze bis zum nächsten Jahr erholen. Dass für diesen besonderen Genuss ein stolzer Preis bezahlt werden muss, liegt vor allem an dem pflege- und arbeitsintensiven Anbau und der Ernte. Geerntet wird nämlich immer noch überwiegend von Hand. Schritt für Schritt geht es entlang der Erdwälle, was ganz schön in den Rücken geht.

Bekannt als Delikatesse waren die Spargelsprossen schon im alten China und Ägypten. Später wussten die Römer ihn zu kultivieren. In Deutschland entstanden die ersten Anbaugebiete zu Beginn des 17. Jahrhunderts. Der Speisespargel (Asperagus officinalis) gehört übrigens zu der Familie der Liliengewächse. Da Spargel zu etwa

*Scheuler's Hofladen
lädt zum Kaufen ein.*

In Scheuler's Hofladen gibt es von Ende April bis Juni frisch gestochenen Spargel.

93 Prozent aus Wasser besteht, ist er sehr kalorienarm und ausgesprochen gesund. Spargel gibt es in drei unterschiedlichen Farben. Weiß ist der Bleichspargel, der unter der Erde im Dunkeln wächst, violett färben sich dagegen die Köpfe, die schon Sonnenlicht abbekommen haben. Grünspargel wächst im Gegensatz zu seinen weißen oder violetten Vettern über der Erde und wird deshalb ohne die typischen Dämme angebaut. Die Stangen sind dünner, der Geschmack ist würziger und intensiver, und seine Kochzeit ist mit zehn Minuten deutlich kürzer. Grüner Spargel enthält außerdem mehr Vitamin C und Karotin als weißer Spargel und braucht vor dem Kochen nur ganz unten geschält zu werden.

Spargel muss frisch auf den Tisch. Lange Transportwege oder zu kühle Lagerung, ebenso keine Kühlung, schaden den Sprossen und machen sie trocken und holzig. Frischen Spargel erkennt man an den geschlossenen weißen Köpfen und an der seidig glänzenden Schale. Beim Kauf sollte darauf geachtet werden, dass die Spargelenden möglichst nicht hohl oder bräunlich verfärbt sind. Die Stangen sollten fest sein und sich nicht biegen lassen. Ungeschälter, frischer Spargel hält sich in ein feuchtes Geschirrtuch eingewickelt im Gemüsefach des Kühlschrankes etwa drei Tage. Kaufen Sie den Spargel bestenfalls direkt beim Erzeuger, nur der kann Ihnen garantieren, dass der Spargel frisch ist. Inzwischen bekommen Sie auch als Service bei vielen Spargelhöfen den weißen Spargel schon geschält, was für die Zubereitung eine große Erleichterung ist. Gourmets freuen sich auf die köstliche Küche kombiniert mit Weinen ebenso aus unserer Region.

25

Spargel-Zeit

Gasthaus »Grüner Baum« in Erligheim

Auberginenpaste – Le Caviar d'Aubergines

Von Dr. Petra Schad aus Markgröningen

Das Rezept stammt aus der französischen Partnerstadt St. Martin de Crau.

3 schöne Auberginen	der Länge nach halbieren, mit der Schnittfläche nach oben im Backofen bei 230 °C backen. Wenn das Fruchtfleisch beginnt weich zu werden, die Auberginen herausnehmen und auskratzen. Das Fruchtfleisch mit dem Saft von
2 Zitronen	
3 Knoblauchzehen (zerdrückt)	und
1 TL Salz	verrühren. Nach und nach
5 EL Olivenöl	dazugeben, mit
Salz, Pfeffer	abschmecken, im Mixer gut durchmischen. Etwa 2 bis 3 Stunden in den Kühlschrank stellen.

26

> *Als Brotaufstrich mit einem kühlen Rosé servieren.*

Dr. Petra Schad, leidenschaftliche Stadtarchivarin, Markgröningen

Aubergine vor der Ernte

Gefüllte Champignons

12 große Steinchampignons	Stiele entfernen und aushöhlen, die Stiele in kleine Würfel schneiden.
60 g Butter	in einer kleinen Pfanne erhitzen.
2 mittelgroße Zwiebeln	sowie
2 Knoblauchzehen (frisch)	
½ Bund Petersilie	fein schneiden und kurz in der Butter anschmelzen.
Pfeffer (schwarz)	frisch darüber mahlen.
2 TL Kräutersalz	darüber streuen.
200 g Rinder-Tatar	und
1 Ei (oder 1 Eigelb)	hinzufügen. alle Zutaten in einer Schüssel gut vermischen und in die ausgehöhlten Steinchampignons füllen. Danach in eine feuerfeste Schale mit
Olivenöl, Sherry	und etwas
süße Sahne	setzen. Zum Schluss
80 g Parmesan	darüber reiben und im vorgeheizten Backofen bei 200 °C etwa 20 bis 25 Minuten garen und beim Anrichten mit einem Salatbouquet garnieren.

27

Statt Parmesan schmeckt auch Appenzeller Käse. Mit einem warmen Baguette servieren.

Rathausglockentürmle in Schützingen

Borretsch heißt im Volksmund Gurkenkraut und wird dank der hübschen Blüten auch Blauhimmelstern genannt, lat. Boroga officinalis.

Rucola mit buntem Salat

Von Familie Kiemle, Gärtnerei in Bietigheim-Bissingen

2 kleine Bund Rucola	sowie
1 Kopfsalat	waschen und trocknen.
4 Tomaten	würfeln.
100 g Hartkäse	und
75 g Schinken	in dünne Streifen schneiden. Alle Zutaten auf Tellern anrichten. Danach ein Dressing aus
4 EL Essig (Himbeeressig)	
4 EL Olivenöl	
Salz, Pfeffer (schwarz, frisch gemahlen)	sowie etwas
Zucker	zubereiten. Zum Abschmecken
Senf	unterrühren und darüber gießen.

28

> *Rucola schmeckt nicht nur sehr aromatisch, schon seit alten Zeiten wird seine entwässernde und verdauungsfördernde Wirkung geschätzt.*

Salatfeld Gärtnerei Kiemle

Tomatenernte in der Gärtnerei Kiemle

Avocado-Lachs-Salat

1 Orange (unbehandelt)	waschen und trocken reiben, die Schale in Zesten abschälen und den Saft auspressen.
1 Orange	schälen und Filets herausschneiden. Den Orangensaft mit
2 EL Kräuteressig	
Salz, Pfeffer	sowie
4 EL Olivenöl	verrühren, die Orangenfilets und Zesten hinzufügen.
1 Zweig Dill	klein schneiden und darunter mischen.
200 g Lachsfilet	in kochendes Salzwasser legen und 3 Minuten garen, dann in Würfel schneiden.
200 g verschiedene Blattsalate	waschen, zerpflücken und trocken schleudern.
2 Avocados (reif)	halbieren, entkernen, Fruchtfleisch herauslösen und in Scheiben schneiden. Das Orangendressing unter den Salat heben. Vor dem Anrichten 15 bis 20 Minuten ziehen lassen.

29

Dazu Knoblauchbaguette servieren.

Neu gestaltetes Arkadengebäude am Marktplatz

»Ku(h)riosum«, die Kuh auf der Kanne, Kunstwerk von Jürgen Goertz

Markgröningen

Als Schäferlaufstadt weithin bekannt, liegt die Stadt landschaftlich reizvoll zwischen dem Glems- und Leudelsbachtal am Rande des fruchtbaren »Langen Feldes«. Markgröningen hat sein mittelalterliches Stadtbild mit zahlreichen historischen und kunstgeschichtlich bedeutsamen Bauten weitgehend erhalten. Eine wechselvolle Stadtgeschichte zeigt sich in den malerischen Gassen und Gebäuden wie dem spätmittelalterlichen Fachwerk-Rathaus, der mächtigen frühgotischen Bartholomäuskirche, dem ehemaligen Ordensspital Heilig Geist, dem Wimpelinhof und vielem mehr. Es lohnt sich die Schönheit dieser Stadt zu entdecken. Markgröningen ist eine faszinierende Station an der Deutschen Fachwerkstraße, ein Kleinod des mittelalterlichen Fachwerkbaus auf dem Streckenabschnitt »vom Neckar zu Schwarzwald und Bodensee«. Nicht nur die Fülle an Sehenswürdigkeiten und historischen Kostbarkeiten lohnt einen Besuch dieser Stadt, auch die kulinarische Vielfalt lockt die Gäste an.

Kochen wie anno dazumal in Markgröningen
Das Markgröninger Stadtarchiv darf ein historisches Kochbuch sein eigen nennen. Ein über 300 Seiten dickes, mit Pergamenteinband versehenes Buch, in das fein säuberlich in Kurrentschrift die Rezepte des beginnenden 18. Jahrhunderts geschrieben sind. Johanna Pfizer hat rund 600 Rezepte niedergeschrieben. Frau Dr. Petra Schad

Wimpelingasse und Wimpelinhof –
Stadtarchiv in Markgröningen

Wimpelinhof mit Stadttor
in Markgröningen

bekam den Rezepteschatz letztendlich 2010 wieder nach Markgröningen zurück. Hieraus zwei Beispiele: (Quelle: Stadtarchiv Markgröningen)

Rosen zu bachen

Nehme beliebiges Mehl, etwas klein gestoßene Mandel, süßen Rahm, ein wenig Rosenwasser und Zimmet, und mach ein Teiglein daraus, nehme schöne weiße Rosen, schneide das gelbe heraus, buze die Stihle sauber, herab, kehre sie in dem Teiglein um und bache es im Schmalz.

Der Ehestand, der bald süß bald sauer ist

Nehme Schweine Ohren, Rüssel und Füße, siede sie ab, schneide sie wie Nudlen, und thue sie in eine Kachel, nach diesem zerlasse Butter, mache in denselben einen Löffel voll Meel gelb, lösche es mit Wein und Fleischbrüh ab, und thue beliebigen Zucker darein, thue zu dem geschnittenen auch abgesottenen Mörchen und abgesottene Krebse, schöle die Schwänze und Scheren, doch nur in der Dike, dass die Schalen an den Spitzen bleiben, lasse alles miteinander aufkochen und trag es auf, wer will kann es auch in eine Sulz machen, und zart geschnittene Zitronen darein thun, es ist ein fürstlich Essen.

31

Altstadtsilhouette mit Marktbrunnen und Kirche in Markgröningen

Handgeschriebenes Kochbuch der Johanna Pfizer, Markgröningen Anfang 18. Jahrhundert

Birnen-Walnuss-Salat

100 g Gorgonzola	mit
4 EL Olivenöl	
4 EL Walnussöl	und
3 EL Limettensaft	zusammen pürieren.
3 EL süße Sahne	sowie
1 Prise Salz	
1 Prise Pfeffer (schwarz)	und
2 TL Salbei (gehackt)	dazugeben.
100 g Walnusskerne	grob hacken und leicht anrösten.
4 Birnen (aromatisch, reif, fest)	in dünne Scheiben schneiden, das Kerngehäuse entfernen, mit
2 EL Limettensaft	beträufeln, damit sie nicht braun werden.
1 Bund Rucola	waschen, trocknen und verlesen, in der Mitte einer Platte anrichten, einen Teil der Walnüsse darüber geben.
2 Chicorée	waschen, Strunk entfernen und die Blätter trennen, diese zusammen mit den restlichen Walnüssen auf die Platte geben.
100 g Parmesan (fein gehobelt)	darüber geben, das Dressing darüber verteilen und mit halbierten Walnüssen garnieren.

Dazu schmeckt ein frisch gebackenes Walnussbrot wunderbar.

32

Musiker des Musikvereins Stadtkapelle Markgröningen spielen anlässlich des Schäferlaufs.

Bunter Frühlingssalat

Ackersalat, Kresse, Radicchio, Rucola, Chicorée, Kopfsalat, Endivien, Cocktailtomaten, Radieschen, etc.	gut waschen, putzen und in der Salatschleuder trocknen.

Das Salatdressing

1 kleine Zwiebel	fein schneiden. Mit
Kräutersalz, Pfeffer (frisch gemahlen)	
3 EL süße Sahne	sowie wenig
Senf	verrühren. Etwas
Knoblauch (frisch)	fein schneiden und hinzufügen.
3 EL Himbeeressig	mit
5 EL Sonnenblumen- oder Olivenöl	gut vermischen und erst kurz vor dem Servieren unter den Salat heben.
1 EL Petersilie	sowie
1 EL Schnittlauch	darüber geben.

33

Der Salatteller passt gut zu vegetarischen Gerichten, aber auch zu Fisch- und Fleischgerichten.

Ein Storch findet hier reiche Nahrung.

Familie Schuhmacher, Lammhof in Ochsenbach

Schwäbischer Kartoffelsalat

500 g Kartoffeln (festkochend)	kochen, schälen und in einer Salatschüssel etwas abkühlen lassen. Noch lauwarm in dünne Scheibchen schneiden. Mit
¼ TL Salz	
Pfeffer (aus der Mühle)	sowie
Muskat (frisch gerieben)	würzen.
100 ml Fleischbrühe (warm)	und
4 EL Sonnenblumenöl	
3 EL Balsamico (weiß)	darüber geben.
1 Zwiebel (mittelgroß)	klein würfeln.
1 Knoblauchzehe	sowie
Petersilie	fein schneiden, hinzufügen und gut vermischen.

> *Wer mag, kann Zwiebel oder Knoblauch weglassen. Der Salat sollte feucht glänzen.*

34

Gert Fröbe war gerne Gast bei Familie Riedel in Bietigheim.

Schwäbischer Kartoffelsalat

Linsensalat

100 g Linsen	in
500 ml Wasser	und
1 TL Gemüsebrühe (Instant)	bissfest garen, danach abseihen.
1 gelbe Paprikaschote	sowie
1 Karotte	
1 Lauchstange	putzen, waschen und in Streifen oder Würfel schneiden, unter die Linsen mischen. Aus
2 EL Essig, 1 TL Senf	
½ TL Salz, 2 EL Öl	eine Marinade herstellen, über das Linsengemisch geben, mit
Pfeffer (schwarz, aus der Mühle)	abschmecken.
2 EL frisch gehackte Petersilie	darüber streuen.

35

Eissalat mit Roquefort

1 Eissalat	waschen und klein zupfen.
3 Tomaten	waschen, in Scheiben schneiden und mit
Salz	bestreuen.
200 g Roquefort-Käse	davon 150 g in kleine Würfel schneiden, alles miteinander vermengen und kalt stellen. Den restlichen Käse mit der Gabel zerdrücken. Die Salatzutaten auf Tellern anrichten.
200 ml Dickmilch	mit
2 EL Mayonnaise	verrühren. Die Soße mit
1 Knoblauchzehe (zerdrückt)	und
½ Bund Schnittlauch (fein geschnitten)	abschmecken und über den Salat geben.

> *Dieser Salat ist schnell zubereitet.*
> *Dazu Toastbrot reichen.*

Ausflug auf der Enz per Boot

Salat mit Ziegenkäse

2 große reife Birnen	vierteln, Kerngehäuse entfernen, Schnitze auf ein Backpapier legen und mit
1 EL Olivenöl	beträufeln. Mit
Salz, Pfeffer	würzen. Den Ofen auf 200 °C vorheizen.
200 g Ackersalat	in reichlich Wasser waschen. Birnen für 15 Minuten im Ofen rösten, bis diese sich schön färben.
4 Ziegenkäselaibe	in einer Pfanne von beiden Seiten 2 bis 3 Minuten anbraten.
3 EL Olivenöl	mit
Salz, Pfeffer	und
1½ EL Balsamico (weiß)	mischen. Den Ziegenkäse aus der Pfanne nehmen.
100 g Walnüsse (grob gehackt)	in der gleichen Pfanne anrösten. Salat auf Tellern anrichten, Birnen und Käse darauf legen, mit Salatsoße beträufeln und die gerösteten Walnüsse darüber streuen.

36

Wer mag, kann über den Ziegenkäse, bevor er in die Pfanne kommt, etwas Honig gießen – schmeckt wunderbar.

Die ausgediente Eisenbahnbrücke bei Besigheim wurde im Mai 2005 durch einen stählernen Brückeneinsatz ergänzt.

Blick über die Enz zur historischen Altstadt von Besigheim, wenige Meter, bevor die Enz in den Neckar mündet.

Rebsorten »weiß« – von exotisch frisch bis fein würzig

Von Dieter Schedy

Unsere Böden, unser Klima, das gesamte Terroir unserer einzigartigen Landschaft, eignen sich nicht nur für Rotweine, auch die Weißen haben hier eine ihnen entsprechende Landschaft gefunden.

Denken wir nur an den Weißen Riesling, eine der bekanntesten, besten und wichtigsten deutschen Weißweinsorten. Er stammt vermutlich von der Wildrebe ab, deren Heimat der Oberrheingraben war. Er besitzt die Fähigkeit, den Charakter der Landschaft, aus der er stammt, besonders gut zum Ausdruck zu bringen. Unsere Rieslingweine zeigen sich rassig, frisch, lebendig, elegant und vornehm. Feingliedrige Fruchtaromen, die an Pfirsich, Zitrus und exotische Früchte erinnern, machen ihn zu einem idealen Begleiter von Fisch- und Geflügelgerichten. Wächst er auf Buntsandstein, steht das Aroma der Aprikose im Vordergrund.

Die Eltern des Kerners sind der Trollinger und der Riesling. Gekreuzt wurden diese beiden im Jahr 1929 von August Herold an der Außenstelle Lauffen der Lehr- und Versuchsanstalt in Weinsberg, benannt wurde er nach dem Weinsberger Dichter, Arzt und Weinfreund Justinus Kerner. Der Kerner stellt einen feinen, würzigen Wein dar, der mit feinrassiger Säure und einer dezenten Muskatnote sein Bild ergänzt. Durch die neue Seitenlinie »Justinus K« wird die Wertigkeit dieses Weines unterstrichen. Dieser Ausbau unterliegt genauen Vorschriften, wie Pflege im Weinberg, späte Lese für nur vollreife aromatische Trauben und ein gut abgestimmter Ausbau. In unserer Gegend wird dieser Wein nur in der Felsengartenkellerei Besigheim ausgebaut. Betriebe, die diesen Wein ausbauen, müssen sich strengen Regeln unterziehen. Dieser Wein passt am besten zu Spargelgerichten, Kaninchenkeule oder Ziegenkäse.

Sicht auf den Michaelsberg   *Wegweiser in die
verschiedenen Himmelsrichtungen*

Windsor-Salat

4 Hühnerschenkel	abspülen, trocken tupfen und mit
Salz	einreiben. In
30 g Butter	erhitzen, die Schenkel darin rundum anbraten, Deckel aufsetzen und fertig garen, dabei
125 ml Hühnerbrühe	dazugeben.
150 g Steinchampignons	putzen und blättrig schneiden.
¼ Sellerieknolle	waschen, schälen und raspeln.
1 Salzgurke	in kleine Würfel schneiden. Das Hühnerfleisch von den Knochen lösen, in Streifen schneiden. Die Steinchampignons in
30 g Butter	fünf Minuten braten, schwach salzen, abtropfen und abkühlen lassen. Fleisch, Gurkenwürfel und Sellerie zu den Pilzen geben.
3 EL Joghurt	mit
1 TL Meerrettich	und
1 TL Worcestersoße	verrühren, mit
je 1 Prise Salz, Zucker	würzen, über die Salatzutaten geben, vermischen und zugedeckt 20 Minuten ziehen lassen.

38

Die Garnierung

75 g Ackersalat	waschen, schleudern und mit einer Marinade aus
2 EL Öl	
1 EL Zitronensaft	
Salz, Pfeffer	
1 Prise Zucker	übergießen.

Dazu wird gerne ein Buttertoast gereicht.

Rathaus Surrey Heath, Partnerstadt in England

Rote Rüben-Salat

2 Rote Rüben (frisch oder vorgekocht)	in Scheiben, Streifen oder in Würfel schneiden.
1 Apfel (sauer)	klein würfeln oder reiben, dazugeben.
1 Zwiebel (mittelgroß)	sowie
1 Knoblauchzehe	fein schneiden, hinzufügen.
2 Lorbeerblätter	und
3 Nelken (oder Nelkenpulver)	
3 EL Sonnenblumenöl	
2 EL Balsamico-Essig	sowie
Kräutersalz	dazugeben. Den Salat mit
Pfeffer (frisch gemahlen)	gut vermischen und ziehen lassen.
Petersilie	fein schneiden und vor dem Servieren darüber geben.

Beim Schälen und Schneiden der Roten Rüben möglichst Küchenhandschuhe verwenden.

*Bietigheim-Bissinger
Landesgartenschaugelände mit Viadukt*

Rote Rüben-Salat mit Apfel

Schäferlauf – Markgröningens historisches Stadtfest

In einer Handschrift von Jakob Frischlin findet man folgenden Eintrag: »Die Stadt Gröningen hat einen alten Brauch. Wann Bartolomäi Tag vorhanden, hat die Stadt einen Jahrmarkt, daran kommen die Schäffer zusammen, halten einen Dantz und lauffen umb einen Hammel oder Barchet, Nestell, Zöpff oder Lebkouchen. Also das die Töchtern und Junggesellen ein großes Schauspiel machen ...«.

Schon Wochen vorher bereitet sich Markgröningen auf das Fest vor, das alljährlich um den 24. August herum, dem Bartholomäustag, stattfindet. Ende August befindet sich die Stadt in einem sympathischen Ausnahmezustand. Wenn der Spielmannszug des Musikvereins Markgröningen am Samstag um 6.30 Uhr die Bewohner mit seinen Pfeifen aus dem Schlaf reißt, haben diese kaum geschlafen. Denn der Schäferlauf beginnt bereits am Vortag, Freitagmorgens, mit dem Leistungshüten der Berufsschäfer vor den Toren der Stadt. Hier messen die Schäfer ihre eigenen Fertigkeiten und die ihrer Hunde, wenn sie mit einer fremden Herde einen Hütetag im Zeitraffer absolvieren. Dieser ursprünglich aus Interesse der Schäferhundezüchter 1937 erstmals ausgerichtete Wettbewerb begeistert immer mehr Zuschauer, die fasziniert beobachten, wie Schäfer und Hund eine Schafherde leiten. Eine Richterkommission beurteilt die Führung der Herde und die Leistung der Hunde. Bereits die Kinder erfahren, welchen wichtigen Beitrag die Schäfer für die Landschaftspflege und den Naturschutz leisten. Am Freitagnachmittag können die Besucher über den Krämermarkt schlendern, der 1445 als Bartholomäusmarkt erstmals schriftlich erwähnt wurde. Alles kann man hier kaufen, von Pfannen, Strümpfen über Käse, Gewürze bis hin zu Kunsthandwerk. Der Markgröninger kauft seine »Marktgromet«, eine historische Bezeichnung für ein Geschenk, das man auf dem Jahrmarkt ersteht. Und überall locken verführerische Düfte, das Wasser läuft einem im Munde zusammen.

Das Festspiel »Der treue Bartel«, das den sagenhaften Ursprung des Schäferlaufs nacherzählt, wird am Freitagabend das erste Mal in der Stadthalle aufgeführt. Am Samstag geht es dann richtig los. Der Landrat, als Schirmherr der Veranstaltung und Nachfolger der früheren Vögte, wird mit einem kleinen Festzug empfangen. Alljährlich trägt er ein Gedicht vor, bevor ihm der Ehrentrunk gereicht wird. Die Schäferzunftfahne und -lade werden Vertretern des Landesschafzuchtverbandes ausgehändigt – ein traditioneller Akt, der die Erlaubnis der Obrigkeit zur Abhaltung des Schäferfestes symbolisiert. In der Zunftlade bewahrten die Schäfer wichtige Do-

Siegerkrone anlässlich des Schäferlaufwettbewerbs

40

kumente und das der Berufsvereinigung gehörende Geld auf. Ein farbenprächtiger Festzug, begleitet von der traditionellen Schäfermusik, auch Ladenpfeifer genannt, zieht durch die Gassen der Stadt hinaus auf die Flur, um Wettspiele auf dem Stoppelfeld auszutragen. Wassertragen der Schäferinnen, der Hahnentanz, Sacklaufen, Mastklettern und vieles mehr wird geboten und findet seinen Höhepunkt in der Krönung des Schäferpaares und des Schäfertanzes. Das Siegerpaar erhält nicht nur ein Mutterschaf als Preis, sondern hat auch die Ehre, sich ein Jahr lang Schäferkönigin und -könig nennen zu dürfen. Ausklingen lassen die Markgröninger ihr Fest am Montagabend mit einem großen Feuerwerk.

Alter Stich über den Schäferlauf in Markgröningen

Festzuschauer beim Schäferlauf, dem jährlichen Freignis in Markgröningen

Kartoffelsalat mit Radieschen und Ei

1 kg Kartoffeln (festkochend)	in der Schale kochen, schälen und erkalten lassen, in dünne Scheiben schneiden. Aus
300 ml Dickmilch	
4 EL Mayonnaise	sowie dem Saft von
½ Zitrone	
1 Knoblauchzehe (frisch, fein geschnitten)	
2 Schalotten (fein gehackt)	und
½ Bund Schnittlauch (geschnitten)	
½ Bund Petersilie (klein geschnitten)	eine Salatsoße zubereiten.
1 Bund Radieschen	in feine Scheiben schneiden, zu den Kartoffeln geben und mit der Salatsoße vermengen, kalt stellen.
4 Eier (hart gekocht)	schälen, erkalten lassen, halbieren. Den Salat noch mit
Salz, Pfeffer	abschmecken, mit den Eihälften und Kräutern garnieren.

> *Dieser Salat passt sehr gut zu geräuchertem Fisch!*

42

Kürbisblüte

Schulgässle mit Blick auf die ehemalige Latein-Schule Bietigheim, die 1476 als Stadthaus der Herren von Nippenburg erbaut wurde und ab 1548 Latein-Schule war.

Wintersalat mit getrockneten Aprikosen

100 g Chicorée	waschen, längs halbieren, Strunk herausnehmen und in beliebige Stücke schneiden.
2 Schalotten	abziehen und fein würfeln.
200 g Ackersalat	putzen, waschen.
3 EL Weißweinessig	mit
1 TL Ahornsirup	
3 getrocknete Aprikosen (klein gehackt)	
2 EL Olivenöl	sowie dem Saft von
1 Orange	verrühren. Mit
je 1 Prise Salz, Pfeffer	abschmecken.
5 getrocknete Tomaten (in Öl eingelegt)	grob würfeln.
1 TL Pinienkerne	goldbraun anrösten, abkühlen lassen.
1 Knoblauchzehe	schälen und grob zerkleinern. Tomaten mit Pinienkernen, Knoblauch und
3 EL Olivenöl	im Mixer fein pürieren, mit
1 Prise Salz	abschmecken. Den Salat mit Dressing, Pesto und
2 EL Walnusskerne (gehackt)	anrichten.

43

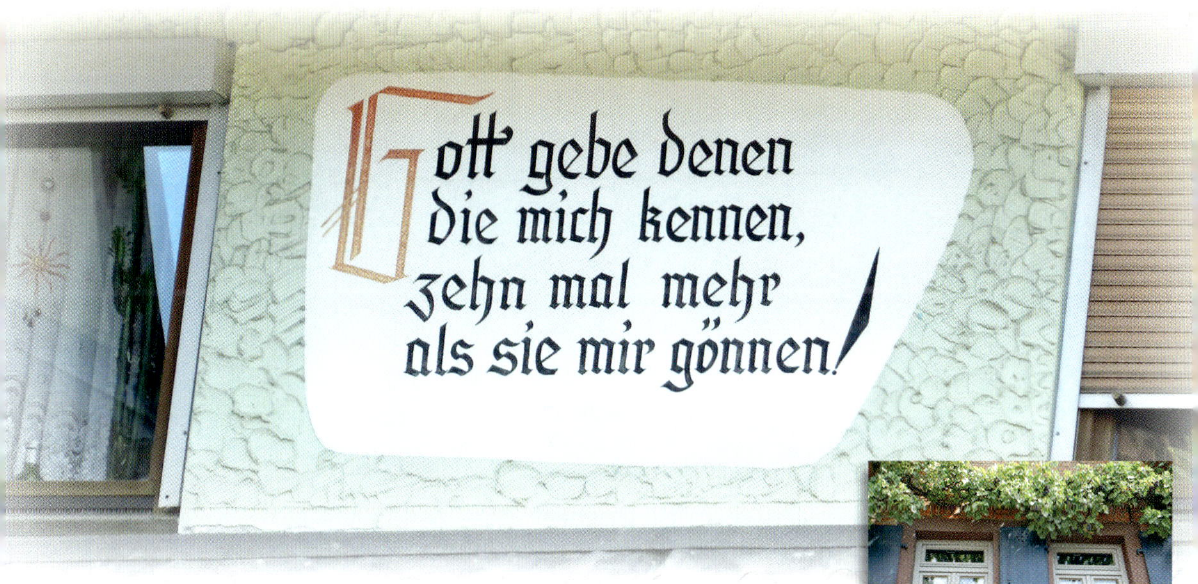

Gott gebe denen
die mich kennen,
zehn mal mehr
als sie mir gönnen!

Segensspruch

Blumenschmuck an Fenstern in Besigheim

Kartoffelsuppe mit Kerbel – Frühlingssuppe

1 EL Butter	in einem Suppentopf zerlassen.
1 Zwiebel	fein schneiden, dazugeben.
1 Knoblauchzehe	hacken, hinzufügen und dünsten.
Kerbel, Löwenzahn, Brennnessel, Brunnenkresse, Beifuß	waschen, klein schneiden, in den Topf geben.
1 große Kartoffel	schälen, klein schneiden, dazugeben und einige Male umrühren.
1 l Gemüsebrühe	zugeben, 10 bis 15 Minuten köcheln lassen. Mit
Salz, Pfeffer	abschmecken und mit
4 Gänseblümchen	garnieren.

Kerbel enthält einen hohen Gehalt an Vitamin C sowie Eisen und Magnesium. Kerbel diente als Energielieferant nach einem entbehrungsreichen Winter und sorgte gleichzeitig für den Frühjahrsputz im Körper. Wussten Sie: Goethe war süchtig nach Kerbel!

44

Suppenterrine aus Zinn aus dem 18. Jahrhundert mit Salzgefäß

Pusteblume – lat. Taraxacum officinalis

Ochsenschwanzsuppe (für 8 Personen)

½ Ochsenschwanz	in
40 g Butterschmalz	in einer gut schließenden Kasserolle anbraten.
500 g Kalbsknochen (gehackt)	dazugeben, anbraten und einen kleinen Schöpflöffel Wasser hinzufügen, kurz aufkochen lassen und das Fett abschütten.
1 Zwiebel	und
1 Bund Suppengrün	grob schneiden, dazugeben.
¼ Selleriewurzel	sowie
1 Petersilienwurzel	
2 Karotten	hinzufügen.
2½ l Weißwein	und
3 l heißes Wasser	auffüllen.
Salz	und
1 Lorbeerblatt	
4 – 6 zerdrückte Pfefferkörner	sowie etwas
Thymian	dazugeben.
1 Prise Piment (oder Paprika)	zugeben und bei mäßiger Hitze kochen lassen, damit die Suppe klar bleibt. Dann das weichgedünstete Fleisch herausnehmen, die Knochen lösen. Fleisch, Sellerie und Karotten in kleine Würfel schneiden, beiseite stellen. Zum Schluss die Suppe durchsieben und abschmecken. Vor dem Anrichten
2 EL Madeira oder Rotwein	zur Brühe geben, danach die Brühe über die im Teller vorbereiten Fleisch- und Gemüsewürfel gießen.

45

Eselgespann beim Pferdemarktfestzug

Weltbürger Erwin von Bälz (1849 bis 1913)

Bietigheim-Bissingen feiert 2012 ein wichtiges Jubiläum zur Städtepartnerschaft mit Kusatsu in Japan. Seit 50 Jahren gibt es eine Beziehung, die auf den 1849 in Bietigheim geborenen Arzt Erwin von Bälz zurückgeht.

Vor dem Hintergrund der Altstadtkulisse von Bietigheim, am Ufer der Metter, überrascht den Besucher ein besonderer Garten. Japanische Zierkirschen, Gingkobäumchen, ein Wasserlauf, von dichtem Bambus gesäumt, mit Steinlaternen und einem Gedenkstein aus vulkanischem Granit mit japanischen Schriftzeichen, laden zum Verweilen ein. Zu verdanken ist dieses Juwel dem Weltreisenden und Arzt Erwin von Bälz, geboren im Haus gegenüber des Japangartens. Erwin von Bälz war ein großer Freund des japanischen Volkes und Arzt am Hofe des japanischen Tenno. Dem japanischen Badeort Kusatsu verhalf er zur Berühmtheit. »Wer Ohren hat zu hören, der höre vom Namen der Wunderquelle Kusatsu. In der Mitte der Meiji-Ära besuchte Dr. Erwin von Bälz, Lehrer an der Kaiserlichen Universität Tokio, einmal Kusatsu und erprobte selbst, dass die Bäder in den heißen Quellen dort ganz eigenartig und unübertrefflich sind und dass sie überdies ganz wunderbare Wirkungen hervorzubringen vermögen.« So steht es auf dem Stein geschrieben, ein Geschenk der fernöstlichen Stadt an die Geburtsstadt des hochgeehrten Arztes des japanischen Kaiserhauses.

Erwin von Bälz war ein Pendler, ein Brückenbauer zwischen den beiden Kulturen und Mitbegründer der modernen Medizin in Japan. Er erforschte die heilende Wirkung der heißen Quellen von Kusatsu und machte sie bekannt. Interessierte Japaner besuchten des öfteren die Heimatstadt des verehrten Japanarztes. Das führte zu der ungewöhnlichen Freundschaft zwischen dem fernen japanischen Kurort und der schwäbischen Stadt Bietigheim an Enz und Metter, was letztendlich in einer Partnerschaft besiegelt wurde.

46

Erwin-Bälz-Gedächtnisstätte in Kusatsu, Partnerstadt in Japan

Schwäbische Laugenbrezelsuppe

Von Carolin Kiesel aus Bietigheim-Bissingen

1 mittelgroße Zwiebel	fein hacken und in einem Suppentopf mit
1 EL Schweineschmalz	andünsten.
2 Laugenbrezeln (möglichst vom Vortag)	in etwa 5 mm breite Scheiben schneiden, in den Topf geben und kurz mit den Zwiebeln anbraten. Mit
125 ml Landbier (z.B. Distelhäuser, Mönchshof)	und
750 ml Fleischbrühe	aufgießen. Zugedeckt etwa 15 Minuten köcheln lassen. Inzwischen
1 Zwiebel	in schmale Ringe scheiden (am besten auf dem Gurkenhobel). Die Zwiebelringe in
1 EL Schweineschmalz	unter Rühren braun anbraten. Die Suppe mit
je 1 Prise Salz, Pfeffer, Muskat	kräftig abschmecken. Die gerösteten Zwiebeln hineingeben und zugedeckt 15 Minuten ziehen lassen.
1 Bund Schnittlauch	abbrausen, trocken tupfen und klein schneiden. Vor dem Servieren in die Brezelsuppe streuen.

47

Als Getränk empfiehlt sich natürlich ein Distelhäuser Landbier.

*Weinbaugebiet Stromberg zwischen
Freudental und Hohenhaslach*

Goldene Brezel, Bäckerei und Stehcafé

Fischsüpple

750 ml Gemüsebrühe	mit
Salz, Pfeffer	würzen und mit
300 ml Fischfond	auffüllen.
1 Lorbeerblatt	sowie
1 Zweig Thymian	
1 Knoblauchzehe	
1 EL Zitronensaft	
125 ml Weißwein	beifügen und 10 Minuten köcheln lassen. Die Gewürze durchsieben.
700 g Fischfilet	in grobe Stücke schneiden, zur Suppe geben und bei schwacher Hitze 5 bis 10 Minuten garen. Zuletzt
2 Eigelb	mit
150 ml süße Sahne	leicht verschlagen, unter die Suppe rühren. Zum Schluss mit
1 Prise Salz	
1 Prise Pfeffer (weiß)	abschmecken, mit
4 Petersilienblätter	garnieren.

Anstatt Fischfilet können Sie auch Muscheln verwenden. Dazu schmeckt warmes Toastbrot sehr gut.

48

Blumeninsel in den Metter-Anlagen

Japan-Garten an der Metter – Zeichen der Verbindung zur Partnerstadt Kusatsu und zu Prof. Erwin von Bälz, dem ehemaligen Leibarzt des japanischen Kaisers

Samtsuppe von Kohlrabi

400 g Kohlrabi	schälen, schöne Blätter in Streifen schneiden und zum Garnieren zur Seite legen, Kohlrabi in dünne Streifen schneiden.
1 große Zwiebel	sowie
1 Knoblauchzehe	schälen, fein würfeln, in
2 EL Butter	andünsten, Kohlrabi dazugeben, dünsten. Mit
100 ml Weißwein	ablöschen. Mit
500 ml Gemüsebrühe	
70 ml Milch	und
80 ml süße Sahne	aufgießen. Die Suppe bei mittlerer Hitze etwa 20 Minuten sanft kochen lassen, dann fein pürieren, eventuell durch ein Sieb streichen. Die Suppe nach Geschmack mit
1 Prise Salz, Peffer, Muskat	und
1 EL Zitronensaft	abschmecken. In Tassen füllen und
100 ml süße Sahne (steif geschlagen)	je als Häubchen auf die Suppe setzen. Mit Kohlrabiblattstreifen bestreuen und servieren.

49

Diese Suppe ist eine wunderbar sanfte Köstlichkeit.

Alter Bauernhof am Bürgergarten

Junger Schäfer im Festwagen beim Bietigheimer Pferdemarkt

Fleischbrühe im Dampfkochtopf

250 g Rinderknochen	und
1 – 2 Markknochen	mit
1 Lauchstange	
2 Karotten, ½ Sellerie	sowie
1 Zwiebel	in
1 l Salzwasser	ansetzen und aufkochen.
250 g Siedfleisch (Wade)	erst hinzufügen, wenn die Brühe nicht mehr kocht. Deckel schließen, vorsichtig mittlere Hitze einstellen. Sofort zurückschalten, wenn der erste rote Ring sichtbar wird. 20 Minuten kochen, Hitze abschalten. Nach weiteren 10 Minuten lässt sich der Dampfkochtopfdeckel öffnen. Die fertige Suppe sieben, mit
Salz, Pfeffer, Muskat	abschmecken.
Petersilie oder Schnittlauch	fein schneiden und darüber streuen.

50

Suppen im Dampfkochtopf sind kräftiger, würziger und vor allem gesünder. Sie bewahren das volle Aroma der Zutaten und die Vitamine bleiben somit erhalten.

Mettermühle, Bietigheim-Bissingen

Mettermühle und Dampfkochtopf

Auf halbem Weg auf der Straße von Bietigheim nach Metterzimmern steht der Wegweiser zur Mettermühle. Über die Metter führt ein »Brückle« zu der idyllisch am Bach versteckt gelegenen Mühle. Diese gehört der Familie Hübner und gilt als einzige handwerklich betriebene Getreidemühle in Bietigheim-Bissingen. Noch heute werden die Mahlsteine der Mettermühle durch ein Wasserrad angetrieben. Die erste urkundliche Erwähnung der Mühle findet sich im Jahr 1484 »unter St. Peter ob der oberen Bachmühle« als Schleifmühle. Im Verlauf der weiteren wechselvollen Geschichte wird die Mühle als Würz-, Schleif- und Ölmühle genutzt. Zeitweise wurde auch eine Tabak-, Gips- und Sägemühle betrieben.

1856 crwirbt Christoph Umbach das Anwesen. Der erfinderische Mechaniker eröffnet eine Eisendreherei, deren Drehbänke über Transmission vom Wasserrad der Öl- und Schleifmühle angetrieben wurden. Außerdem richtete er eine Werkstätte zur Herstellung von Dampfkochtöpfen mit eigenem Patent ein.

Im Jahre 1963 kaufte Müllermeister Werner Hübner das veraltete Anwesen »Mettermühle« von Müllermeister Karl Limbach. Als eine er ersten Mühlen im Landkreis Ludwigsburg richtete der neue Besitzer einen Mühlenladen ein.

51

Der Dampfkochtopf

Der mit Sicherheitsventil ausgestattete Dampfkochtopf, der eine stärkere Erhitzung der Speisen ermöglichte, war eine Erfindung von Denis Papin (1645 bis 1712). Die Firma Umbach stellte seit 1861 in der Mettermühle, ab 1895 in der Bahnhofstraße, Dampfkochtöpfe her. Diese Art des Kochens erhöhte die Schmackhaftigkeit der Speisen und benötigte nur die halbe Kochzeit.

Alte Reklame für den Umbachschen Dampfkochtopf

Tomatensuppe

1 kg Strauchtomaten (reif)	waschen und würfeln. In einem Topf
6 EL Olivenöl	heiß werden lassen.
1 große Zwiebel (grob gehackt)	ein paar Minuten darin dämpfen, dann die Tomatenstücke sowie
250 g Tomaten (geschält, aus der Dose)	zugeben und 3 Minuten mitdünsten.
250 ml Gemüsebrühe	aufgießen.
2 – 3 Knoblauchzehen (grob gehackt)	sowie
Zucker, Oregano, Thymian	
2 – 3 EL Tomatenmark	unterheben, 30 Minuten köcheln lassen. Mit
Salz, Pfeffer (schwarz, aus der Mühle)	abschmecken und mit dem Pürierstab zerkleinern. Die Suppe durch ein feines Sieb streichen. Vor dem Anrichten etwa
2 – 4 EL Crème fraîche oder süße Sahne	unterrühren und die Suppe mit
Weckwürfel (geröstet)	sowie
Petersilie, Basilikum-Blätter	garnieren.

Flaschentomaten sind stark im Aroma.

52

Karottensuppe mit Prosecco

400 g Karotten	putzen, grob schneiden, etwa 15 Minuten in
500 ml Wasser	kochen.
75 g Butter oder 3 EL Olivenöl	in einem Suppentopf erwärmen und die Karotten hinzufügen. Dann mit dem Pürierstab zerkleinern und
500 ml Gemüsebrühe	zugeben.
3 cm Ingwer (frisch)	darüber reiben, leicht köcheln lassen.
125 ml süße Sahne	hinzufügen, mit
Salz, Pfeffer (frisch gemahlen)	würzen, in die Suppenteller oder Schalen verteilen und mit
4 Petersilien- oder Korianderblätter	garnieren. Zum Schluss wird die Suppe mit einem Schuss
Prosecco oder Rosé Sekt	am Tisch frisch übergossen.

53

Fleischklößle-Suppe

300 g frisches Kalbsbrät	mit
100 g Tatar	
1 Ei	
Kräutersalz	und
Pfeffer (schwarz, frisch gemahlen)	vermengen.
Muskat	darüber reiben.
1 frische Knoblauchzehe	sowie
1 Zwiebel	
½ Bund Petersilie	fein schneiden und alle Zutaten gut vermischen. Danach
1 l Fleischbrühe	erhitzen, mit 2 Teelöffeln kleine Klößle in die leicht köchelnde Brühe geben und nur kurz aufkochen.

Übrige Fleischklößchen kann man auch am nächsten Tag geröstet mit Salat servieren.

Fleischklößle-Suppe

Unter- und Oberriexingen

Unterriexingen ist seit 1973 ein Stadtteil von Markgröningen und liegt am nördlichen Rand des Strohgäus. Durch den Ort fließt die Glems, welche in die Enz mündet. Interessierte Wanderfreunde können auf einem ausgeschilderten Rundweg die malerische Gegend kennen lernen. Der Glemstal-Radweg und der Enztal-Radweg führen über die Markung. Der Ort hat eine Reihe von sehenswerten Gebäuden. Die im 14. Jahrhundert erbaute Frauenkirche, die evangelische Pfarrkirche, eine steinerne Brücke über die Glems, das Schloss, eine ehemalige Burg mit einem Bergfried, einst der Stammsitz der Herren von Riexingen. Zu Unterriexingen gehört aber auch der KZ-Friedhof Richtung Oberriexingen. Vom KZ Natzweiler (Vogesen) kamen die überwiegend jüdischen Häftlinge über die KZ-Außenstelle Wiesengrund bei Vaihingen/Enz nach Unterriexingen und wurden beim Flugplatzbau in Großsachsenheim, im Steinbruch und im Stollen eingesetzt. An diese Zeit soll der KZ-Friedhof erinnern.

Klein aber fein ist die Stadt Oberriexingen im Enztal mit ihren rund 3000 Einwohnern (kleinste Stadt im Landkreis Ludwigsburg). Ein historischer Stadtrundgang führt zu verschiedenen Stationen und zeigt Historisches mit Anekdoten und Geschichten der Stadt. Vom Backhäusle führt der Rundgang in Richtung Enz an das Hägelintor, das einst das Stadtmauertor für Mensch und Tier zum Fluss bedeutete. Vorbei geht es an Resten der mittelalterlichen Stadtbefestigung und am Kirchen- und Hochwasserwegle, alten Fachwerkgebäuden, der herrschaftlichen Kelter sowie dem Felsenkeller am Rande des Zwingergrabens. Das markanteste Gebäude im Stadtbild ist die St. Georgskirche mit dem Pfarrhaus und der alten Schule. Enzaufwärts befindet sich ein Museum der Neckarwerke, ein Wasserkraftwerk sowie die Fabrikanlage Kaltschmid. Schon die Römer haben in Oberriexingen ihre Spuren hinterlassen. Sehenswert ist der Oberriexinger Römerkeller, ein kleines Museum, das der römischen Landwirtschaft gewidmet ist. Oberriexingen hat viel vom Charme vergangener Zeiten bewahrt. Das früher häufige Hochwasser der Enz ist durch einen Hochwasserdamm beherrschbar geworden.

Malerische Enz bei Oberriexingen

Champignon-Cremesuppe

300 g Steinchampignons	putzen und in Scheiben schneiden.
75 g Butter	zerlassen und erhitzen.
1 Zwiebel, 1 Knoblauchzehe	fein schneiden.
1 geh. EL Mehl	zugeben, goldbraun anbraten, dann die Champignons hinzufügen und leicht andünsten. Mit
Kräutersalz, Pfeffer (schwarz, aus der Mühle)	und wenig
Paprika	würzen. Zum Ablöschen
125 ml Sherry (dry oder medium)	zugeben. Danach
1 l Gemüse- oder Fleischbrühe	sowie
100 ml süße Sahne	hinzufügen, gut verrühren und mit
Petersilien- oder Basilikumblätter	garnieren.

55

Je nach Wunsch kann man die Pilze mit dem Pürierstab zerkleinern.
Dieselbe Zubereitung gilt auch für Pfifferling- oder Steinpilzsuppe.

Silhouette Unterriexingen

Romantischer Fahrradweg an der Glems lädt ein.

Budapester Gulaschsuppe

100 g Speck (durchwachsen)	sowie
3 Zwiebeln	
1 Knoblauchzehe	zerkleinern und in
1 EL Butterschmalz	goldgelb glasig dünsten.
650 g Rindfleisch	in kleine Würfel schneiden, mit
Mehl	bestäuben, dazugeben und kurz anbraten. Mit
250 ml Bouillon	ablöschen und auf kleiner Flamme 30 Minuten kochen.
2 Kartoffeln (roh)	und
1 rote, 1 gelbe Paprikaschote	putzen, in Streifen schneiden, mit
6 Tomaten (geschält, aus der Dose)	dazugeben. Mit
1 EL Paprika (edelsüß)	
1 TL Thymian	würzen.
550 ml Bouillon	auffüllen und 50 Minuten köcheln lassen. Zuletzt mit
1 TL Zucker	
125 ml Madeira	
2 EL Weinessig	sowie
Salz, Pfeffer	verfeinern.

56

Mit Stangenweißbrot servieren.

Eine Marktfrau preist ihre Waren an.

Paprika-Ernte in Kisten für den Großmarkt Stuttgart-Wangen

Beschwipster Eintopf

600 g Kartoffeln	schälen und in grobe Würfel schneiden.
600 g Kasseler oder gekochte Rippchen	auslösen und ebenfalls würfeln.
2 Zwiebeln	schälen, in kleine Würfel schneiden und in
1 EL Schweine- oder Butterschmalz	glasig anbraten, Kartoffeln und Fleischwürfel zugeben und kurz mitbraten.
500 ml Most (Apfelwein, Cidre) oder Weißwein	angießen.
1 TL Majoran	zugeben und bei Bedarf noch mit etwas Wasser auffüllen, so dass alles gut bedeckt ist. 15 Minuten bei kleiner Hitze garen.
400 g Äpfel	schälen, entkernen, in Würfel schneiden und zum Eintopf geben, weitere 10 Minuten garen. Mit
2 EL Senf	und etwas
Salz	abschmecken.
2 EL Crème fraîche	vor dem Anrichten unterrühren.

57

Zeituhr am geologischen Pfad Bietigheim

Klosterhof in Metterzimmern im Renaissancestil, erbaut 1599 vom Vogt Balthas Renner

Karamellisierte Kastaniencreme

Von Burkhard Schork, Hotel und Restaurant »Friedrich von Schiller« in Bietigheim-Bissingen

500 g Maronen (frisch, geschält oder TK)	auf der flachen Seite über Kreuz mit einem Messer einschlitzen und im Backofen bei 200 °C aufplatzen lassen, dann schälen.
100 g Zucker	im Topf karamellisieren und mit
250 ml Weißwein (trocken)	ablöschen. Die Maronen und
100 g Butter	dazugeben, anglacieren und mit
500 ml helle Fleischbrühe	aufgießen. Einmal aufkochen lassen und alles im Küchenmixer fein pürieren. Danach wieder in den Topf zurückgießen und mit
500 ml süße Sahne	mischen. Den Saft von
½ Zitrone	dazugeben, abschmecken, durch ein Haarsieb passieren und in vorgewärmten Tassen anrichten.

58

Besonders edel wird dieses Süppchen, wenn man vor dem Servieren weißen Alba-Trüffel darüber hobelt.

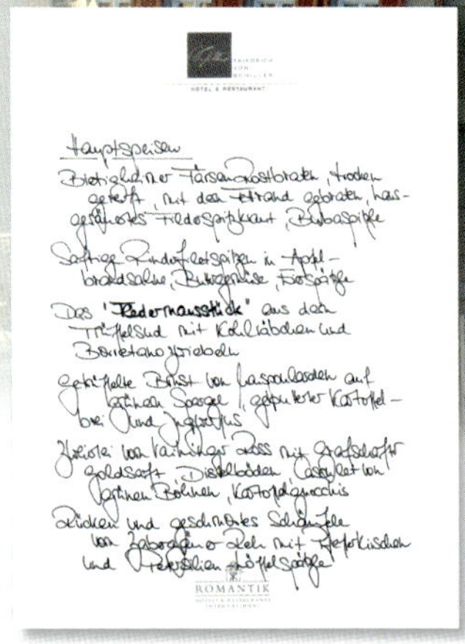

Handgeschriebene Speisekarte vom Restaurant »Friedrich von Schiller«

Hotel und Restaurant »Friedrich von Schiller« in Bietigheim-Bissingen

Flößerei auf der Enz

Ganze Wälder wurden auf Würm, Nagold und Enz auf die weite Reise ins Unterland, zum Neckar, an den Niederrhein bis nach Holland geschickt. Im 18. Jahrhundert erreichte der Holländer-Holzhandel eine Dimension, die das romantische Bild vom Stämme-Flößen längst überstiegen hatte. Eine Art Goldgräberstimmung und mehr Kapital als der Nordschwarzwald jemals vorher und nachher gesehen hat, kennzeichnen diese Epoche, die nach etwa einhundert Jahren, zu Beginn des 19. Jahrhunderts schon wieder zu Ende war.

Die Flößerei war die billigste Form des Holztransportes in vorindustrieller Zeit, daher war die Entwicklung des Holzhandels stark vom Verlauf der Gewässer abhängig. Im Enzgebiet sind die Entfernungen zwischen Holzeinschlaggebieten und den Wasserwegen gering, so konnte sich hier die Langholzflößerei besser entwickeln. Es erforderte viel Mut und Geschick, die schwankenden Flöße zu steuern. Auch die Scheiterholztrift auf der Enz war vertraglich festgeschrieben und ein einträgliches Geschäft. In den Holzgärten in Bissingen und Bietigheim wurden die Scheiter an Land gezogen und weiterverkauft. Der Holzgarten brachte durch das Anländen, das Bearbeiten und den Weitertransport Leben in den Ort Bissingen. Auf der eigens eingerichteten Holzstraße wurde das Holz für das Ludwigsburger Schloss geliefert. Zu dieser Zeit gab es in Bissingen eine Pottaschesiederei, in der die Holzabfälle verbrannt und die Asche zu Pottasche verarbeitet wurde.

59

Die besseren Transportbedingungen durch die Eisenbahn bedeuteten dann das Ende der Flößerei. Der Flößerbrunnen beim Rathaus in Bissingen soll an die risikoreiche Arbeit der Flößerei auf der Enz erinnern. Im Jubiläumsjahr 1989 und aus Anlass der Landesgartenschau in Bietigheim-Bissingen waren die Flößer in einer spektakulären Floßfahrt noch einmal auf der Enz unterwegs. Der damalige Holztransport über die Enz lief über Wildbad, Neuenbürg und Pforzheim nach Bissingen und Bietigheim. Das Holzklobenfest in Bissingen ist inzwischen zu einer zünftigen Attraktion geworden. Bei Flößersteak, Bier und Wein verstehen die Bissinger zu feiern.

Flößerbrunnen am Bissinger Rathaus von Karl-Henning Seemann

Bietigheimer Marsch vom Milchlamm
mit Lemberger Schalotten, Kartoffelschnitz und Schafskäsespätzle (für 6 bis 8 Personen)

Von Burkhard Schork, Restaurant »Friedrich von Schiller« in Bietigheim-Bissingen

Am 1. Tag

3 Milchlammschultern mit Bein (vom Metzger gut zugeschnitten) mit

1 kleines Suppenhuhn

3 Markknochen

500 g Suppengemüse (geputzt, geschnitten)

2 Knoblauchzehen (gehackt)

Liebstöckel, Majoranblätter (frisch)

Lorbeerblätter, Thymian, Rosmarin

Pimentkörner, Pfefferkörner

1 Prise grobes Meersalz

4 halbe Zwiebeln (in der Pfanne stark gebräunt) sowie mit etwas getrocknetes

Oregano in

8 – 10 l Wasser zum Kochen bringen. Die Temperatur zurücknehmen und auf kleiner Flamme etwa 1½ Stunden köcheln lassen. Nach dieser Zeit die Gabelprobe bei den Schulterteilen machen. Wenn man einsticht und die Fleischgabel lässt sich leicht herausziehen, ist das Fleisch gar. Fleisch aus dem Sud nehmen und mit einem nassen Tuch abdecken. Das Schulterfleisch vom Knochen lösen.

> *Das Suppenhuhn dient zur Kräftigung der Brühe und kann dann anderweitig verarbeitet werden.*

60

Im Panoramaweingut Reinhard Baumgärtner in Hohenhaslach können Sie den Lemberger bei einer Kellerbesichtigung probieren. Dort sehen Sie mitten im Holzfasskeller auch eine Naturkeuperwand. Geologie zum Anfassen.

Die Spätzle

4 Eier	mit
2 Eigelb	mischen. Eiweiß für den nächsten Tag aufbewahren.
1 Prise Meersalz	sowie
100 g Schafskäse (zerdrückt oder gerieben)	dazugeben. Mit einem Kochlöffel den Teig »schlagen«, bis er »Blasen wirft«. 15 Minuten abgedeckt stehen lassen. Danach von einem Brett in kochendes Salzwasser schaben.

Die Lemberger Schalotten

3 größere Schalotten	schälen und in 2 bis 3 mm dicke Ringe schneiden. In
250 ml Lemberger (kräftig)	köcheln, bis die Flüssigkeit fast verkocht ist. Vor dem Anrichten etwas
Rote Beete-Saft	zugeben, um eine dekorativere Farbe zu erreichen.

Die Kartoffelschnitz

3 Kartoffeln (geschält)	in Achtel-Schnitze teilen und in Salzwasser gar kochen.

61

*Blütentraum im Bürgergarten –
ein schönes Plätzchen zum Verweilen*

Riesenrad beim Pferdemarkt

Am 2. Tag

3 Lammhäxle
(von ausgewachsenen
Tieren, ohne Bein)

Das Fleisch von

durch den Wolf lassen und mit dem aufbewahrten Eiweiß
gut vermengen. Danach die ausgekühlte, entfettete
Lammbrühe dazugeben und zum Kochen bringen.
Langsam und vorsichtig rühren, damit nichts am Boden
anbrennt oder trübe wird. Ist das Eiweiß geronnen,
köchelt die Brühe etwa 1 Stunde weiter. Danach durch
ein Tuch passieren, abschmecken und warm stellen.

Die Garnitur

Karottensterne, Lauchrauten,
Staudensellerie-Halbmonde

in Salzwasser blanchieren, in die vorgewärmten
Suppenteller verteilen, die Kartoffelschnitz und Spätzle
beigeben, Fleisch obenauf setzen und mit der Brühe
angießen. Mit

Zwiebelringe (gebräunt)   sowie

Liebstöckelblätter,
Staudensellerieblätter,
Thymianblüten,
Schnittlauchspitzen   garnieren.

62

*Blaue Milchkanne
mit Wassergras*

Blumenladen in Besigheim lädt zum Kaufen ein.

Kürbissuppe mit Ingwer

1 kleiner Hokkaido-Kürbis	zerkleinern und Kerne entnehmen.
1 Zwiebel, 1 Apfel	schälen und in große Stücke schneiden.
4 EL Olivenöl	in einem Suppentopf erhitzen und dann die Kürbisstücke hinzufügen. Je nach Konsistenz der Suppe etwa
1 l Gemüsebrühe	dazugeben und köcheln lassen. Nach 20 Minuten mit dem Pürierstab zerkleinern und
3 cm Ingwer (frisch)	darüber reiben.
125 ml süße Sahne	hinzufügen und mit
Salz, Pfeffer (schwarz, frisch gemahlen)	würzen. Einige Kürbiskerne in etwas
Zucker	karamellisieren. Die Kürbissuppe in vorgewärmte Teller oder Tassen geben, die Kürbiskerne darüber streuen. Pro Teller etwa 1 Teelöffel
Kürbiskernöl	vor dem Servieren auf die Suppe geben und mit einer Gabel verziehen.

63

Stillleben aus Hokkaido-Kürbis, Grapefruit, Zitrone, Mandarine, Bananen, Paprika und Cocktailtomaten

Kürbissuppe mit Kürbiskernöl und Basilikum

Wirsingtopf im Schnellkochtopf

100 g geräucherter Speck	in Würfel schneiden, im offenen Schnellkochtopf anbraten.
300 g gemischtes Hackfleisch	sowie
2 Zwiebeln (fein gehackt)	darin anrösten.
1 kg Wirsing	waschen, klein schneiden, dazugeben.
500 g Kartoffeln	schälen, in Scheiben schneiden, dazugeben.
1 l Fleischbrühe	auffüllen. Mit
je 1 Prise Salz, Pfeffer	
1 Prise Schwarzkümmel	würzen, umrühren und den Topf schließen. Nach etwa 7 Minuten Garzeit kann der Topf abgedampft und geöffnet werden. Der Eintopf ist nun fertig zum Servieren.

Tripsdrill wie es früher war – mit der beliebten Altweibermühle.

Waschbären in gemütlichem Unterschlupf

Gemüseeintopf

500 g verschiedene Gemüsesorten	sowie
1 Zwiebel, 2 Knoblauchzehen	
1 Stück Sellerie	
2 Kartoffeln	in kleine Stücke schneiden und in einen Topf mit
1½ l Gemüsebrühe	geben und 30 Minuten köcheln lassen. Mit
Muskat (frisch gerieben)	
Pfeffer (aus der Mühle)	sowie
Kräutersalz	würzen und abschmecken.
Petersilie, Liebstöckel	fein schneiden und darüber streuen.
1 Zwiebel (fein geschnitten)	in
2 EL Butter	goldbraun anbraten und beim Servieren über die Suppe geben.

65

Verwenden Sie für diesen Eintopf Gemüsesorten nach Belieben
und Saison, zum Beispiel 250 g Lauch, 250 g Karotten.

Gemüseeintopf mit Fleischeinlage

*Tripsdrillrundfahrt mit dem
historischen Zügle zum Wildpark*

Schwäbischer Wurstsalat

400 g Fleischwurst	in etwa 3 cm lange Streifen schneiden.
200 g Schwarzwurst	schneiden, in eine separate Schüssel geben und abdecken.
5 große Gewürzgurken	in Streifen schneiden.
1 große Zwiebel	fein würfeln. In einer Schüssel etwas
Senf	mit
5 EL Essig, 3 EL Öl	zur Salatsoße verrühren und mit
Salz, Pfeffer	würzen. Zum Anrichten die Fleischwurst, Gurken und Zwiebel dazugeben und etwas ziehen lassen. Kurz vor dem Servieren die Schwarzwurst hinzufügen und nochmals abschmecken.

Mit Bauernbrot servieren.

Katzengeschrei

4 EL Zwiebelringe	in
20 g Butter	zusammen mit
500 g gekochtes, kaltes Rindfleisch (in Streifen geschnitten)	anbraten.
4 Eier	aufschlagen, darüber gießen, mit
Salz, Pfeffer	würzen. Ziemlich trocken braten und auf einer warmen Platte anrichten.

Als Beilage wird grüner Blattsalat, Kartoffelsalat und Preiselbeeren oder Rhabarber-Chutney (Rezept S. 142) empfohlen. Dazu trinkt man einen guten Trollinger.

Getigerte Katze auf leisen Pfoten

Wengerter-Vesper (1 Portion)

50 g magere Schinkenwürfel oder Schinkenwurstwürfel	und
3 EL Zwiebelwürfel	in
20 g Butterschmalz	kurz anbraten.
150 g gekochte Kartoffeln (klein gehackt)	dazugeben, mit
Salz, Pfeffer	würzen und knusprig braten.
2 EL Petersilie (gehackt)	darunter mischen. Danach mit einem Esslöffel 2 Löcher in die Kartoffeln formen, in jedes
1 Butterflocke	und
1 aufgeschlagenes Ei	geben, langsam garen lassen und die Portion so auf einen vorgewärmten Teller schieben.

Man kann auch in die fertig gebratenen Kartoffeln, die schon auf dem warmen Teller sind, zwei Löcher formen und dann jeweils ein rohes Eigelb einfüllen. Dazu schmeckt als Beilage Kopfsalat sehr lecker.

67

Ausgedienter Traktor als Gartenzierde

Die Deutsche Fachwerkstraße führt durch Schützingen.

Luggeleskäs – schwäbisches Vesper

250 g Quark	mit
100 g Schmand	in eine Schüssel geben.
3 Frühlingszwiebeln	schneiden, dazugeben.
2 Bund Schnittlauch	fein schneiden, hinzufügen. Mit
Salz, Pfeffer (aus der Mühle)	würzen und gut vermischen. Zur Dekoration
4 Radicchioblätter	
Paprikapulver	und
1 TL Kümmel (nach Belieben)	darüber streuen.

Dazu werden Pellkartoffeln oder Bauernbrot serviert.

68

Die Getreidemühle Fessler-Mühle in Sersheim

Wengerthäusle inmitten der Steilhang-Weinberge

Sersheim – umgeben von Weinbergen, Feldern, Wiesen und Wald

In einem Dreieck zwischen Aischbach und Mettertal, in einer schönen Landschaft umgeben von Weinbergen, Feldern, Wiesen und Wald liegt die Gemeinde Sersheim. Der Bach Metter fließt Richtung Sachsenheim und mündet in Bietigheim-Bissingen in die Enz. Es ist anzunehmen, dass Sersheim eine frühmittelalterliche Siedlung alemannisch-fränkischen Ursprungs ist. Der Name bedeutet »Heimstätte des Saro«. Die Mauerreste eines römischen Gutshofes, das Römersträßle und der tiefe Hohlweg von dort in den Ort sprechen dafür, dass schon römische Soldaten die Furt durch die Metter benutzt haben. In dem Dorf schmiegten sich die Häuser eng an die Kirche, wie die Küken an die Henne. So heißen die Sersheimer noch heute »Luggele«. Alle zwei Jahre Ende Juni feiert die Gemeinde ihr »Luggeles-Feschd«. Im Steinhaus erinnert ein Strich-Chapell-Zimmer an den Sersheimer Kunstmaler Prof. Strich-Chapell. Im historischen Gewölbekeller befindet sich ein Schmiedemuseum. Ortsansässige Schmiede haben hier eine funktionsfähige Werkstatt eingerichtet und an besonderen Tagen wird noch das Schmiedefeuer entfacht und die Meister zeigen die Kunst des Schmiedens.

69

Beliebter Treffpunkt ist die Fessler-Mühle an der Metter. Die Mühle hat eine weit über 615-jährige Tradition. Dort wird nicht nur Getreide gemahlen. Es gibt ein Mühlenmuseum und ein Zentrum für Gesundheit, Fitness, Kultur und die Kleinkunstbühne »Beutelkasten«.

Bekannt weit über Sersheim hinaus ist die Vitale-Quelle, das Fontanis- und Alwa-Mineralwasser. Zu den regelmäßigen Veranstaltungen gehört das vom örtlichen Verein für Tractorpulling ausgerichtete Trecker Treck. Da tuckern die Traktoren aus dem ganzen Umkreis nach Sersheim. Jährlich am ersten Wochenende im Mai findet das Schwarzpulverschießen mit einem Lager der Plattfußindianer statt. Tagelang herrscht dann Lagerleben wie im Wilden Westen auf der Sersheimer Gemarkung und lockt Interessierte aus nah und fern an. Wer eine Radtour auf dem Stromberg-Enztal-Radweg unternimmt, der kommt auch durch Sersheim. Seit 1984 unterhält Sersheim eine Partnerschaft mit der italienischen Gemeinde Cancale im Piemont.

Fessler-Mühle seit 1865, Sersheim

Olivenbrot – Cake aux Olives

... ist in Frankreich ein viereckiger Kuchen, ursprünglich mit Rosinen, heute oft in salzigen Varianten.

Von Dr. Petra Schad, Stadtarchiv Markgröningen – französische Partnerstadt St. Martin de Crau

250 g Mehl	mit
1 Pck. Backpulver	vermischen.
80 ml Olivenöl	sowie
50 ml Weißwein (trocken)	
4 Eier	hinzugeben und vermischen.
200 g grüne Oliven	sowie
200 g gekochter Schinken (gewürfelt)	
150 g Emmentaler (gerieben)	unterheben. Den Teig in eine gefettete, mit Mehl ausgestreute Kastenform geben und bei 180 °C ungefähr 50 Minuten backen.

Ideale Ergänzung zu einem Gläsle Wein!

70

Brotprüfung im Ernährungszentrum des Landratsamtes Ludwigsburg

Gemäldeausstellung zur Erinnerung an den Künstler Karlheinz Groß aus Bietigheim-Bissingen

Lauchkuchen

Von Regina Köhler aus Bietigheim-Bissingen

Der Teig

500 g Mehl	mit
40 g Hefe	
125 ml Milch (lauwarm)	
100 g Butter	
1 Ei	
1 Prise Zucker	sowie
½ TL Salz	zusammen verkneten und etwa 30 Minuten gehen lassen. Anschließend den Teig rund auswellen, in eine Springform geben und einen Rand formen.

Der Belag

1 kg Lauch	waschen, fein schneiden. Zusammen mit
200 g Speck (gewürfelt)	kurz dämpfen, dann abkühlen lassen.
4 Eier	mit
200 ml süße Sahne	gut verrühren. Alle Zutaten mit
200 g Emmentaler (gerieben)	
1 EL Mehl	sowie
1 TL Salz, ½ TL Pfeffer	vermengen und auf dem Hefeteig verteilen.
1 Prise Kümmel (ganz)	darüber geben. Den Backofen auf 180 °C vorheizen, dann den Kuchen bei 150 °C Unterhitze etwa 35 bis 45 Minuten backen und warm servieren.

71

Ein Glas Weißwein mundet dazu hervorragend.

*Rapsblüte am Oberen Wald zwischen
Bietigheim und Löchgau*

Zwiebelkuchen

250 g Mehl	in eine Schüssel geben und in die Mitte eine Vertiefung drücken.
20 g Hefe	mit
1 Prise Zucker	hineinbröseln.
125 ml Milch (lauwarm)	dazugeben und einen Vorteig anrühren, zugedeckt 30 bis 40 Minuten an einem warmen Ort gehen lassen.
1 Ei	sowie
1 Prise Salz	
60 g Butter (weich)	unterrühren, alles zu einem glatten Teig verkneten. Nochmals 30 bis 40 Minuten gehen lassen. Den Teig ausrollen und auf ein gefettetes Backblech geben, so dass ringsum ein Rand entsteht.
500 g Zwiebeln	fein schneiden, in einer Pfanne mit
20 g Butterschmalz	weich dünsten.
50 g Schinkenspeck	würfeln, dazugeben und anbraten.
125 ml saure Sahne	mit
2 Eier	
30 g Mehl	
1 Prise Salz	sowie
1 Prise Kümmel	verrühren. Den Schinkenspeck und die Zwiebeln dazugeben. Die Masse auf den Teig streichen und im Backofen bei 210 bis 220 °C (Ober- und Unterhitze) etwa 25 bis 30 Minuten backen. Noch heiß in Stücke schneiden und servieren.

Wolkenstimmung bei Horrheim

Minnesänger Bernger war mit Sicherheit ein Lehnsmann in Diensten von Gottfried von Vaihingen. Als Sohn von Gelphrad von Hor(o)heim wurde er 1170 geboren. Ab 1177 war er zur Ausbildung auf Schloss Kaltenstein, Vaihingen. Von 1194 bis 1196 nahm er am Feldzug nach Italien teil. Die Manessische Lieberhandschrift war ein Beweis für seinen Minnegesang.

Kartoffel-Lachs-Quiche

800 g Kartoffeln (festkochend)	mit Schale kochen und abkühlen lassen.
200 g Butter (weich)	sowie
2 Eier	
400 g Mehl	
1 TL Salz	mit dem Knethaken des Handrührgeräts verarbeiten und danach kühl stellen. Kartoffeln schälen und in Scheiben schneiden. Danach den Teig auf einem bemehlten Blech ½ cm dünn auswellen, mit den Kartoffelscheiben belegen.
200 ml süße Sahne	mit
100 ml Milch	
2 Eigelb	verquirlen und mit
Salz, Pfeffer, Knoblauch	würzen. Gleichmäßig über die Kartoffeln gießen. Anschließend mit
100 g Gouda (gerieben)	bestreuen und bei 200 °C etwa 20 bis 30 Minuten auf der untersten Schiene backen.
150 ml Crème fraîche	mit
1 Bund Schnittlauch (geschnitten)	verrühren und darüber streichen, mit
250 g Räucherlachsscheiben	belegen und nochmals mit
Salz, Pfeffer (schwarz, frisch gemahlen)	würzen und sofort servieren.

73

Dazu schmeckt ein leichter Roséwein.

Sankt Veitskirche in Ensingen

Bietigheimer Pferdemarkt

Der Pferdemarkt ist das größte Fest, das die Stadt Bietigheim-Bissingen veranstaltet. Vieh- und Pferdemärkte gab es schon seit dem Mittelalter in der Stadt. Der am 1. März 1793 erstmals in Verbindung mit dem Laurentius-Jahrmarkt abgehaltene Ross- und Viehmarkt gilt wohl als der älteste Vorläufer unseres heutigen Pferdemarktes. Im Jahr 1925 – anlässlich des 75-jährigen Bestehens des Bietigheimer Gewerbevereines – wurde im Sommer eine Bietigheimer Gewerbe- und Industrieausstellung in der Turnhalle und auf dem Festplatzgelände bis über den Viadukt hinaus durchgeführt.

In diesem Zusammenhang wurde gleichzeitig der erste Bietigheimer Pferdemarkt ins Leben gerufen. Der Gemeinderat beschloss damals, diesen Markt jedes Jahr am ersten Montag im September zu wiederholen. So wurde der Pferdemarkt auf dem Festplatz beim Enzviadukt eine stetige Einrichtung in unserer Stadt. Eine elfjährige Unterbrechung gab es nur durch die Wirren des Zweiten Weltkrieges. Erst im Jahr 1949 konnte wieder ein Pferdemarkt abgehalten werden und seither wird dieses Fest lückenlos Jahr für Jahr gefeiert. Von Freitagabend bis Dienstagabend herrscht in Bietigheim dann Ausnahmezustand, eine 5. Jahreszeit, denn bei den Bietigheimern heißt es immer: »Vor dem Pferdemarkt und nach dem Pferdemarkt«.

Höhepunkte der fünftägigen Veranstaltung sind der Fassanstich durch den Oberbürgermeister im Festzelt am Freitagabend, das Brillantfeuerwerk am Sonntagabend und der bunte Festzug durch die Stadt am Montagnachmittag. Bei allem Rummel und Treiben steht das Pferd nach wie vor im Mittelpunkt des Geschehens. Stolz werden die edlen Tiere zur Prämierung vorgeführt, Händlerpferde gehandelt und der Kauf noch immer mit Handschlag besiegelt. Beim Reitturnier wird vom Publikum mitgefiebert und das Können bewundert und beklatscht. Der Pferdemarkt zieht unzählige Besucher aus der ganzen Region an. Man flaniert über den weitläufigen Krämermarkt vor der Kulisse der Altstadt bis hin zum Viadukt, besucht die Messe auf dem Ausstellungsgelände und amüsiert sich auf dem Festplatz beim Karussellfahren. Unter der alles beherrschenden Kulisse des mächtigen Viadukts trifft man Freunde und Bekannte, Sehen und Gesehenwerden gehört dazu, wie der Geruch von Brathähnchen, Würstchen, gebrannten Mandeln und Zuckerwatte. Bunte Luftballons steigen in den Himmel und sogar die Fahrgäste in den Zügen hoch oben auf dem Viadukt erfreuen sich an dem bunten Treiben unten auf dem Festgelände.

Prämierung der Pony-Kutschen

Gesalzener Rahmkuchen

Der Teig

200 g Mehl	zusammen mit
60 g Butter oder Butterschmalz	
1 Prise Salz	sowie
50 ml Milch	zu einem glatten Mürbeteig kneten, 30 Minuten kalt stellen, dann eine gefettete Form damit auslegen.

Der Belag

200 ml saure Sahne	mit
3 Eigelb	
Salz	
½ Bund Schnittlauch (fein geschnitten)	sowie
1 EL Kümmel (ganz)	glatt rühren und die Masse auf dem Teig ausstreichen.
50 g Butterflöckchen	auf dem Belag verteilen. Bei 200 °C Ober- und Unterhitze etwa 30 Minuten hellbraun backen.

Wird gerne warm gegessen und mit einem Glas Rotwein serviert.

75

Der Rahmkuchen aus dem Backhäusle ist der ganze Stolz der Hausfrau.

Schinkengugelhupf

500 g Mehl	in eine große Schüssel sieben, in die Mitte eine Vertiefung drücken, mit
50 g Hefe	
100 ml Wasser (lauwarm)	und
2 TL Honig	zu einem Vorteig verrühren und in die Mulde gießen, zugedeckt warm stellen und 1 Stunde gehen lassen. In der Zwischenzeit
200 g Schinkenspeck	in Würfel schneiden.
100 g Hasel- oder Walnüsse	grob hacken. Nachdem der Teig gegangen ist,
½ TL Salz	auf dem Mehlrand verteilen.
2 Eier (zimmerwarm)	und
80 g Butter (flüssig)	ebenfalls auf den Mehlrand geben. Mit den Knethaken eines Handrührgerätes die Zutaten verquirlen. Dann nach und nach
100 ml Wasser (lauwarm)	einrühren, bis ein geschmeidiger Hefeteig entstanden ist. Zum Schluss Schinkenwürfel und gehackte Nüsse rasch mit den Händen unterkneten und den Teig nochmals gehen lassen, bis er sich verdoppelt hat. Danach eine Gugelhupfform mit
1 EL Öl	einfetten und mit
2 EL Nüsse (gemahlen)	ausstreuen und den Teig einlegen. In der Form nochmals 30 Minuten gehen lassen. Bei 220 °C ungefähr 30 Minuten hellbraun backen. Zum Schluss den fertigen Gugelhupf aus der Form nehmen und erkalten lassen.

76

Dazu wird gerne ein Glas Wein getrunken.

Gabi Späth mit einem von ihr kreierten Geburtstagsstrauß

Hackfleischstrudel

300 g Mehl	mit
3 Eier	
1 TL Salz	sowie
2 – 3 EL Öl	mischen und einige Minuten kräftig kneten. Teig zur Kugel formen, mit einer Schüssel abdecken und etwa 30 Minuten ruhen lassen.
3 Zwiebeln	schälen und würfeln.
1 rote, 1 gelbe Paprikaschote	fein würfeln und zusammen mit den Zwiebelwürfeln in
2 EL Öl	etwa 5 Minuten dünsten.
500 g Hackfleisch (gemischt)	zur Zwiebel-Paprika-Mischung geben.
1 Brötchen (vom Vortag)	in Wasser einweichen, ausdrücken und zusammen mit der Hackfleischmasse sowie
1 Ei, 2 EL Weckmehl	
1 EL Tomatenmark	gut vermischen. Mit
1 TL Rosmarin	
½ Petersilie (glatt, fein gehackt)	und
Salz, Pfeffer	würzig abschmecken. Den Strudelteig nochmals kräftig kneten und auf bemehlter Arbeitsfläche zu einem großen Rechteck auswellen. Danach die Hackfleischmasse darauf verteilen und zu einer Rolle formen. 3 cm dicke Scheiben schneiden und auf einem mit Alufolie belegten Blech bei 200 °C im vorgeheizten Backofen 20 bis 30 Minuten goldgelb backen.

Dazu passt gemischter Blattsalat mit Tomaten und Paprikastückchen.

77

Bunte Steingartenbepflanzung

Weinranken wachsen am Haus entlang.

Spätzle und Käsespätzle

400 g Mehl	mit
6 Eier	
1 TL Salz	glatt rühren, bis der Teig Blasen bildet. Bei großen Eiern eventuell noch etwas Mehl hinzufügen, bei kleinen Eiern noch etwas
Mineralwasser	untermischen.
2½ l Wasser	in einen Topf geben, mit
2 – 3 TL Salz	versetzen und zum Kochen bringen. Einen großen Löffel Teig auf das Spätzlebrett geben und mit einem Spätzleschaber oder Messer in das leicht kochende Wasser schaben. In einer separaten Schüssel mit lauwarmem Salzwasser die fertigen Spätzle abschrecken und abtropfen lassen. Auf eine Platte legen,
Butterflocken	untermischen und bis zum Servieren warm halten.

78

Die Käsespätzle

1 Zwiebel	fein schneiden, in einer kleinen Pfanne in
50 g Butter	goldbraun anbraten und über die Spätzle geben. Zum Schluss
Käse	darüber reiben.
Pfeffer	darüber streuen und mit
Schnittlauch (fein geschnitten)	garnieren.

Die Spätzle abseihen und in warmem Wasser kurz eintauchen; auf eine Platte geben und etwas Butter untermischen ...

Spätzle-Teig auf dem Brett mit Spätzle-Schaber

Kartoffelpuffer

600 g Kartoffeln	schälen und grob raspeln.
1 große Zwiebel	fein hacken, dazugeben.
2 Eier	sowie
100 g Mehl	
1 Prise Salz	
Pfeffer (aus der Mühle)	in den Kartoffelteig mengen und in einer Pfanne je 2 Küchle in
Pflanzenfett oder Sonnenblumenöl	goldbraun backen.

Dazu wird Salat oder Apfelbrei serviert.

Kartöffele – knusprig gebraten

79

600 g Kartoffeln (groß, vorwiegend festkochend)	schälen, in Würfel oder Stifte schneiden und auf einem Tuch trocknen. Eine große beschichtete Pfanne mit etwas
Sonnenblumenöl	erhitzen. Die Kartoffeln vorsichtig einstreuen und gleichmäßig in der Pfanne verteilen, nach einigen Minuten wenden und so lange braten, bis diese auf allen Seiten goldbraun sind. Mit
Salz, Pfeffer (schwarz, aus der Mühle)	würzen und sofort servieren.

Die Kartöffele schmecken sehr knusprig, ähnlich wie Pommes frites, benötigen weniger Öl und schmecken lecker als Beilage zu Fisch, Fleisch und Gemüse.

Fischer-Brunnen am Unteren Tor von Bietigheim mit österlichem Schmuck

Vaihingen an der Enz

Vaihingen, die »Internationale Stadt der Rebe und des Weines« gehört mit zu den größten Weinbaugemeinden des Landes mit ihren Stadtteilen, Aurich, Ensingen, Enzweihingen, Gündelbach, Horrheim, Kleinglattbach, Riet und Roßwag. Zwischen Enztal, Strudelbach- und Mettertal bis hin zu den Hängen des Strombergs in einer landschaftlich schönen Umgebung gelegen, ist es ein reizvolles Naherholungsgebiet. Durch Vaihingen führt sowohl die Württemberger Weinstraße als auch die Weinstraße Kraichgau-Stromberg und die Deutsche Fachwerkstraße.

Vaihingen ist eine sehenswerte Station auf dem Enztalradweg und auch mit dem Kanu oder Paddelboot auf der Enz kann man Vaihingen einen Besuch abstatten. Weithin sichtbar auf einem Felsen gelegen thront das Wahrzeichen der Stadt – das Schloss Kaltenstein. Die Ringmauerburg der einst mächtigen Grafen von Vaihingen wurde 1113 erstmals erwähnt, 1570 erhielt sie ihre jetzige Form. Heute beherbergt das Schloss ein internationales christliches Jugenddorf. Durch die Weinterrassen führt der Weg hinunter zur Stadt, die vor 1250 gegründet worden ist. Das Stadtzentrum mit den liebevoll renovierten Fachwerkfassaden sowie den schmalen Gassen zeugt von mittelalterlichem Flair. Vom Marktplatz aus bietet sich eine schöne Sicht auf Rathaus, Stadtkirche, das Schloss und den Kaltenstein, auch Vaihinger Dreiklang genannt. Von der Stadtbefestigung sind Teile der Mauer, der dickbauchige Pulverturm an der Enz und der Haspelturm erhalten. In diesem Verlies wartete 1760 das »Sonnenwirtle von Ebersbach«, Friedrich Schwahn, auf seine Hinrichtung. Friedrich Schiller und Hermann Kurz haben diesen »Verbrecher aus verlorener Ehre« zur literarischen Figur gemacht.

An Pfingsten feiert man in Vaihingen in ganz großer Aufmachung den »Maientag«, der bis ins Jahr 1706 zurück nachweisbar ist. Der Kern des Maientages ist ein historischer Umzug am Pfingstmontag mit Mönchen, Rittern, Gaugrafen und vielen mehr, bis zum Gründer und Namengeber »Faho«, dem Ältesten der Alemannensippe. Schüler führen den »Lauf nach dem Maien« durch. An die Bedeutung eines alten Landeplatzes für die Flößer auf der Enz erinnert der »Flößertanz«. Der im Rathaus aufbewahrte Löwenpokal von 1610 wird beim Maientag festlich präsentiert und mit Wein gefüllt herumgereicht.

Rathaus und Marktplatz von Vaihingen Enz

Pfifferlingspfännle

400 g Pfifferlinge	mit Pinsel säubern (nicht waschen).
1 Zwiebel	sowie
2 Schalotten	schälen, fein schneiden. Dann in einer Pfanne in
50 g Butter oder Olivenöl	goldbraun rösten, die Pfifferlinge hinzufügen, dämpfen. Mit
Kräutersalz, Pfeffer	würzen.
1 TL Mehl	darüber geben und mit
125 ml Roséwein (trocken)	sowie
2 EL Sherry (dry oder medium)	ablöschen.
125 ml süße Sahne	unterrühren und zum Schluss mit
Salz, Pfeffer (schwarz, aus der Mühle)	abschmecken.

Dazu passen feine Nudeln, Bratkartoffeln oder Kräuterflädle (Rezept S. 84).

81

Schupfnudeln mit Sauerkraut

400 g Kartoffeln (mehlig kochend)	in der Schale kochen, etwas abkühlen lassen, schälen und durchpressen.
300 g Mehl	(etwas zum Verarbeiten zurückbehalten). Das übrige Mehl mit
1 Ei	
70 g Grieß	sowie
Salz, Muskat	unter die abgekühlte Kartoffelmasse kneten und davon auf einem Brett fingerdicke Würstchen formen, die an den Enden spitz verlaufen. Portionsweise im kochenden Salzwasser ziehen lassen, bis sie oben schwimmen. In einem Sieb gut abtropfen lassen und
300 – 400 g Sauerkraut	mit den Schupfnudeln und
50 g Butterschmalz	in der Pfanne anbraten.

Eine Bonbon-Maschine in der Bonbonfabrik Jung in Vaihingen

Gemüsereis als Hauptgang oder Beilage

200 g Basmati-Reis	in
300 ml Wasser (kochend, mit etwas Salz)	15 Minuten auf kleiner Stufe ziehen lassen, dann den Reis vom Herd nehmen.
3 EL Olivenöl	in einer großen Pfanne erhitzen.
5 Frühlingszwiebeln	grob schneiden.
2 Knoblauchzehen (frisch)	fein hacken und zusammen andünsten.
Je 1 rote, gelbe, orange Paprikaschote	sowie
1 Lauchstange	
1 kleine Zucchini	in kleine Stücke schneiden. Mit
Kräutersalz, Pfeffer (schwarz, aus der Mühle)	würzen, leicht anbraten. Zum Schluss den Reis hinzufügen, vermischen, abschmecken und
4 Zweige Koriander oder Petersilie	zum Garnieren verwenden.

Den Gemüsereis kann man als vegetarisches Gericht servieren oder auch als Beilage zu Steaks und zu verschiedenen Fischgerichten.

Buntes Gemüse als Beilage oder Hauptgericht

Panierte Selleriescheiben

8 Selleriescheiben	schälen und mit
3 TL Zitronensaft	
1 EL Zucker	in Salzwasser 5 Minuten kochen.
1 Ei	verquirlen.
50 g Sesam	mit
50 g Paniermehl	mischen. Die gut abgetropften Selleriescheiben erst in Ei, dann in der Sesammischung wälzen.
8 EL Öl	in einer Pfanne erhitzen und darin die Selleriescheiben goldbraun anbraten.
50 g Senfgurken	fein würfeln.
1 Bund Schnittlauch	in Röllchen schneiden und beides mit
5 EL Mayonnaise	
75 g Magermilchjoghurt	
1 TL grober Senf	
2 TL Zitronensaft	verrühren.
1 Zitrone	in Spalten schneiden. Die Selleriescheiben mit Soße servieren und mit Zitrone garnieren.

83

Dazu wird gerne Grüner oder Bunter Salat (Rezept S. 33) gereicht.

Elektrizitäts-Wasserkraftwerk
an der Enz

Tulpe, lat. Tulipa,
zwischen blauen Stiefmütterchen

Kräuterflädle mit Safran

Ergibt ungefähr 8 große oder 16 kleine Flädle.

120 g Mehl	mit
1 Ei	
125 ml süße Sahne	sowie
250 ml Milch	in einer Schüssel mischen und schlagen. Mit
Kräutersalz, Pfeffer (frisch gemahlen)	würzen.
Kräuter (Petersilie, Schnittlauch, Majoran)	fein hacken und
1 kleine Prise Safranstreifen oder Pulver	hinzufügen. Etwas
Butter	für jedes Flädle in eine beschichtete Pfanne geben, eine kleine Menge Teig in der Pfanne dünn verteilen und von beiden Seiten kurz hellbraun anbraten.

84

Als Vorspeise kann man auch nur die Hälfte der Zutaten nehmen. Die Kräuterflädle kann man vorbacken und diese mit Pilzen (Rezept S. 81) oder mit Spargel füllen. Sollte ein Flädle übrig sein, kann man dieses fein geschnitten als Suppeneinlage in einer Gemüse- oder Fleischbrühe servieren.

Feine Kräuter-Safran-Flädle

Kartoffelgratin – Gemüsegratin

Kartoffelgratin als Beilage

400 g Kartoffeln	waschen, schälen und in feine Scheiben schneiden. Eine Auflaufform mit
30 g Butter	einfetten, die Kartoffelscheiben in Schichten einlegen.
2 Knoblauchzehen (fein geschnitten)	darüber geben, mit
Salz, Pfeffer (aus der Mühle), Muskat	würzen, alles gut vermischen. Danach
200 ml süße Sahne oder Milch	und
100 ml Crème fraîche	dazugeben.
50 – 80 g Greyerzer oder Bergkäse	darüber reiben, dann ungefähr 1 Stunde im Backofen bei 200 °C backen.

85

Gemüsegratin als Hauptgang

200 g Kartoffeln	waschen, schälen und in feine Scheiben schneiden.
Je 100 g Lauch, Karotten, Brokkoli, Zucchini	sowie
1 Paprikaschote	
1 Zwiebel	klein schneiden.
1 – 2 Knoblauchzehen	fein schneiden. Mit
Salz, Pfeffer (aus der Mühle), Muskat	würzen und in einer mit
30 g Butter	ausgestrichenen Auflaufform verteilen.
200 ml süße Sahne	darüber geben und je nach Wunsch
100 g Greyerzer oder Bergkäse	darüber reiben, dann etwa 45 bis 60 Minuten im Backofen bei 200 °C backen.

Das Gratin kann man auch am nächsten Tag kurz aufwärmen.

Kapuzinerkresse

Es gibt sie noch – die guten Dinge zum Backen

Von Familie Auch

Ehemals stand in jeder Stadt und in jedem Dorf eine oder mehrere Getreidemühlen. Die besondere Geschichte der »Vaihinger Mühle« geht auf eine erste urkundliche Erwähnung aus dem Jahr 1447 zurück, zum einen für die »Obere Mühle«, heute Standort nachhaltiger, ökologischer Stromerzeugung aus Wasserkraft der Enz zur Eigenversorgung, zum anderen für die »Untere Mühle«, dem heutigen Getreideerfassungs- und Verarbeitungsbetrieb der Müllersfamilie Auch. Damit ist die Vaihinger Mühle über Jahrhunderte Sinnbild für gelebte Tradition des regionalen Müllerhandwerks.

»New erbauwt anno 1700«. Dieser Spruch steht im Torbogen des Haupttores der Unteren Mühle und weist mit einer Gedenktafel auf eine von vielen Geschichten in der langen Tradition dieses Mühlenbetriebes hin. Während des Dreißigjährigen Krieges blieb auch die Mühle nicht verschont und brannte aus. Der damalige Lehensmüller fand die Kraft zum Wiederaufbau nicht mehr und verschied kurze Zeit später. Sein Müllergeselle, ein robuster Mann namens Simeon Valentin, nahm sich kurzerhand die Frau des Meisters und heiratete sie. Zusammen bauten sie die Mühle wieder auf.

Als Bindeglied zwischen der heimischen Landwirtschaft und dem Verbraucher besteht die Aufgabe heute mehr denn je darin, frische, hochwertige Mahlerzeugnisse aus regionaler Erzeugung herzustellen. In dieser traditionellen Mühle wird ausschließlich Getreide verarbeitet, welches von Landwirten aus dem Stromberg, Enztal und Strohgäu erzeugt und direkt angeliefert wird. Die Separierung besonderer Rohstoffklassen bei der Anlieferung ermöglicht eine gute Verarbeitung und hohe Qualität. Im Mühlenladen – direkt an der Enz – erhalten Sie alles für die gesunde Ernährung.

Manfred Auch, Vaihinger-Mühle

Sauerkraut mit Champagner

Von der ehemaligen Schützenwirtin Wilhelmine Rösch, Bietigheim

2 Zwiebeln	klein schneiden, in
50 g Gänse- oder Schweineschmalz	andünsten, mit
150 ml helle Brühe	ablöschen.
750 g Sauerkraut	30 bis 40 Minuten darin garen, nach 15 Minuten ein Kräutersäckchen – bestehend aus
1 EL Wacholderbeeren	
1 Zweig Thymian	
1 Lorbeerblatt	sowie etwas
Kümmel (ganz)	hineingeben. Wer mag, kann noch nach Ende der Garzeit mit
Salz, Pfeffer	nachwürzen.
1 EL Mehl	mit ein wenig Wasser verrühren, das Kraut abbinden. Bevor das Kraut auf den Teller kommt
1 Glas Champagner	unterrühren.

87

Für Nichtvegetarier kann Bauchfleisch oder Kasseler mitgekocht werden.

Baumblüte mit Osterglocken und Narzissen im ehemaligen Landesgartenschaugelände im Jahre 1989

Gasthof zum Schützen am Unteren Tor

Sachsenheimer Herrentopf

200 g Rindfleisch	und
200 g Schweinefleisch	in 2 cm große Stücke schneiden, mit
Salz, Pfeffer	würzen. In einer flachen Pfanne
30 g Fett	erhitzen, dann die Fleischwürfel etwa 10 bis 20 Minuten braten und mehrmals wenden. Die Fleischwürfel aus dem Fond nehmen und beiseite stellen.
2 Zwiebeln	und
100 g geraucher Bauchspeck (mager)	in Würfel schneiden und schnell in der Pfanne goldbraun rösten.
200 g Champignons	vierteln, dazugeben.
200 g rote Paprikaschoten (eingelegt)	in Streifen schneiden, hinzufügen, 10 bis 15 Minuten schmoren. Die Fleischwürfel wieder dazugeben.
250 ml Wasser	sowie
250 ml süße Sahne	
1 Eigelb	
1 EL Speisestärke	hinzufügen und gut verrühren. Aus
200 g Bratwurstbrät	mit einem Kaffeelöffel kleine Klößchen abstechen und in kochendes Wasser legen, gar ziehen lassen und gut abgetropft der Fleischmenge beifügen.

Zum Schluss die Soße abschmecken und mit Bauernbrot servieren.

Diese ausgediente Traubenraspel ist mit Efeu bewachsen.

Szegediner Gulasch

125 g Schinkenspeck	würfeln, in
1 EL Butterschmalz	anbraten.
250 g Rindfleisch	sowie
250 g Schweinefleisch	
250 g Zwiebeln	in Würfel schneiden, dazugeben, anbraten. Mit
250 ml Rotwein	ablöschen.
500 g Tomaten	in kochendes Wasser legen, häuten, klein schneiden, unter das Fleisch geben.
2 Knoblauchzehen	fein schneiden, dazugeben. Mit
2 EL Paprika (edelsüß)	
½ TL Paprika (scharf)	
½ TL Thymian	
1 Lorbeerblatt	und
Salz	würzen, bei kleiner Hitze etwa 1 Stunde kochen.
250 g Sauerkraut	zerpflücken, unter das Fleisch mengen, darin 30 Minuten kochen.
200 ml saure Sahne	einrühren, bei Bedarf nachwürzen und 10 Minuten ziehen lassen.

> *Dazu schmecken Salzkartoffeln oder Kartoffelknödel.*

89

Blick von der Burgruine Untermberg auf den Hohenasperg

Rathaus in Szekszard, der Partnerstadt in Ungarn

Geschnetzelte Filetspitzen in Pilzrahmsoße

250 g Champignons	in feine Scheiben schneiden, zur Seite stellen.
600 g Filetspitzen (vom Rind oder Schwein)	in
2 EL Öl	anbraten, mit
Salz, Pfeffer (aus der Mühle)	würzen und aus der Pfanne nehmen, warm halten.
50 g Speckwürfel	mit
30 g Butter	in die gleiche Pfanne geben und die Champignons darin anschwitzen. Mit
2 EL Cognac	flambieren.
200 ml Bratenfond	und
200 ml süße Sahne	aufgießen. Aufkochen bis die Soße sämig ist, dann das Fleisch dazugeben und anrichten.

Dazu schmecken handgeschabte Spätzle (Rezept S. 78) sehr gut.

Weinmuseum in Horrheim

Pump-Brunnen – Mitte des 19. Jahrhunderts spendeten diese fortschrittlichen Brunnen sauberes Trinkwasser.

Die Weinbaugemeinde Horrheim

... hat dem Württemberger Wein ein Denkmal gesetzt. Auf dem Weinlehrpfad lernt man alles über die Rebsorten und im Museum, der alten Kelter, wird jeder zum Kenner des Weinbaus. Die Horrheimer werden im Regionaljargon gerne als »Misthäufles-Türken« bezeichnet. Ursprung ist eine Sage, laut derer zur Zeit der Belagerung von Wien durch die Türken in einer kalten Nacht ein Horrheimer Mauerwächter den Dampf der zur Düngung ausgestreuten Misthaufen für den Rauch der Lagerfeuer einer feindlichen Armee hielt und deshalb den Ort zu den Waffen rief. Erst im Morgengrauen wurde klar, dass die »türkischen Feuer« nichts als Dunghaufen waren. Als Reaktion darauf nannten die Horrheimer ihren Wein »Türkenblut«. Ab 1971 wurde dieser Wein dann aber mit der korrekten Lagenbezeichnung in »Klosterberg« umbenannt.

»Das Trinkgefäß, sobald es leer, macht keine rechte Freude mehr.« (Wilhelm Busch)

Roßwag – mit alter Weinbautradition

91

Die Roßwager sind stolz auf ihren Weinort mit einer alten Weinbautradition und dem idyllischen Ortskern mit alten Fachwerkhäusern. Eine Überlieferung besagt: »Ein Ritter, von seinen Feinden verfolgt und hart bedrängt, stand mit seinem Pferd auf dem jäh abfallenden Felsen über der Enz. Hinter sich die Feinde, vor sich die gähnende Tiefe, sagte er zu seinem guten Roß: ›Roß wags‹! und sprengte in die Tiefe. Glücklich kam er unten an und entkam seinen Feinden. Zum Andenken an diese Errettung baute er auf dem Felsen eine Burg, die er ›Roßwag‹ nannte.«

Bunter Wiesenstrauß mit Margerite, lat. Leucanthemum vulgare

Steilhänge um Roßwag – eine sehr gute Weinlage

Entenbrust mit Honig glasiert

2 frische Entenbrustfilets	mit einer Marinade aus
3 EL Zitronensaft	
2 EL flüssiger Honig	
Salz, Pfeffer (schwarz)	gründlich einreiben und 2 Stunden stehen lassen. Die Filets entnehmen und die Marinade beiseite stellen. Die abgetrockneten Filets in einer beschichteten Pfanne mit
1 EL Öl	zuerst mit der Hautseite nach unten etwa 7 Minuten braten, wenden und weitere 4 bis 7 Minuten braten. Einige
Salatblätter (Eichblattsalat, Radicchio, Friséesalat)	waschen, mundgerecht zerzupfen und auf 4 Teller verteilen.
75 g Schalotten	schälen und klein würfeln. Die Pfanne vom Herd ziehen, Filets herausnehmen, beiseite stellen. Schalotten in die etwas abgekühlte Pfanne geben, den Bratensaft unter Rühren, mit
2 – 3 EL Wasser	sowie
4 EL Himbeeressig	ablöschen. In eine Schüssel umfüllen, restliche Zitronenmarinade dazugeben.
3 EL Raps- oder Sonnenblumenöl	mit dem Schneebesen unterschlagen, abschmecken und über den Salat träufeln. Entenbrustfilets in Scheiben schneiden, auf dem Salat arrangieren. Zum Garnieren
60 g rote Johannisbeeren (oder Granatapfel)	und
2 EL Kokosraspel (geröstet)	darüber streuen.

Dazu wird frisches Weißbrot gereicht.

Auf dem Leinfelderhof bei Enzweihingen

Sommerwiese mit Butterblumen

Fasan mit Weinkraut und Trauben

1 Fasan (küchenfertig)	mit
Salz, Pfeffer	einreiben und mit
2 Scheiben Speck (fett)	umwickeln. Zur Seite stellen.
1 EL Butterschmalz	in einem Schmortopf erhitzen.
600 g Sauerkraut (frisch oder aus der Dose)	dazugeben, andünsten. Dann
1 TL Zucker	
125 ml Geflügelbrühe	und
125 ml Weißwein	zugeben und umrühren. Das Kraut bei kleiner Hitze im geschlossenen Topf 45 Minuten als Beilage garen. In der Zwischenzeit
2 EL Öl	und
2 EL Butter	in einer tiefen Bratpfanne erhitzen, den Fasan anbraten und im vorgeheizten Backofen bei 220 °C etwa 30 Minuten braten.
200 g Trauben	waschen, halbieren und entkernen.
1 EL Butter	und
1 EL Zucker	sowie
2 EL Wasser	in einem Topf aufkochen, die Trauben hineingeben und bei kleiner Hitze ab und zu schwenken. Nach Ende der Bratzeit den Fasan aus der Pfanne heben, in Folie einwickeln und warm halten. Den Bratensatz entfetten, mit
100 ml Rotwein	
200 ml Wildfond (Fertig-Fond)	ablöschen und mit
Salz, Pfeffer	würzen.
2 EL kalte Butter	langsam unter die Soße rühren.

93

Den Fasan tranchieren und auf vorgewärmten Tellern mit den Beilagen anrichten.

Georgskirche mit Fachwerkhaus in Oberriexingen

Japanische Hähnchenspieße

220 g Hähnchenbrustfilet	parieren, abspülen und trocken tupfen, zusammen mit
1 Scheibe Weißbrot (ohne Rinde)	durch den Wolf drehen.
1 kleines Stück Ingwer (frisch)	schälen, ein Drittel davon reiben, den Rest fein hacken und beiseite stellen. In einer großen Schüssel die Hähnchen-Brotmasse mit
1 EL Semmelbrösel	
1 Ei	
Salz, Pfeffer (aus der Mühle)	und dem geriebenen Ingwer gut vermischen. Aus dem Teig kleine Bällchen formen. In einer tiefen Pfanne reichlich
Öl	erhitzen, dann die Bällchen 2 bis 3 Minuten backen, bis diese goldbraun sind. Herausnehmen und auf Küchenpapier legen.
240 g Litschis (aus der Dose)	abtropfen lassen.
1 rote Paprikaschote	vom Stiel befreien, halbieren, Kerne und Trennhäute entfernen, waschen und in etwa 4 cm große Stücke schneiden. Fleischbällchen, Litschis und Paprika abwechselnd auf Holzspieße stecken.

94

Die Soße

50 g Rettich	schälen, putzen und fein raspeln.
4 EL Wasser	zum Kochen bringen und
1 TL Hühnerbrühe (Instant)	einrühren. Den Rettich, den gehackten Ingwer sowie
100 ml Sake	und
3 EL Sojasoße	dazugeben, umrühren und zu den Spießen reichen.

Sai No Kawara, heiße Quellen in Kusatsu,
der Partnerstadt in Japan

Knoblauchhähnchen in Apfelwein

Von Regina Brunner-Beck aus Ludwigsburg

1 großes Hähnchen	in Portionsstücke teilen und die Haut entfernen. Die Stücke mit
Salz, Pfeffer	bestreuen und in
Mehl	wenden.
4 EL Olivenöl	in einem Bräter erhitzen. Die Hähnchenteile darin rundum kräftig anbraten und herausnehmen.
10 – 15 Knoblauchzehen (je nach Größe)	schälen und im Bratfett goldgelb andünsten. Die Hähnchenteile nebeneinander wieder in den Bräter legen.
500 ml Apfelwein oder Cidre (trocken)	aufgießen und zugedeckt bei schwacher Hitze etwa 40 Minuten ziehen lassen.
1 Bund Frühlingszwiebeln	putzen, waschen und nach 25 Minuten in den Bräter legen. Das Hähnchen und die Zwiebeln nach der Garzeit herausnehmen und warm stellen. Die Soße im offenen Topf einkochen lassen. Mit
Salz, Pfeffer, Cayennepfeffer	nachwürzen. Die Hähnchenteile auf eine Platte legen, mit der Soße übergießen und mit den Frühlingszwiebeln umlegen.

95

Dazu ein frisches Baguette und ein Glas Wein – wunderbar!

Gänseblümchen, lat. Bellis perennis

Ehemalige Post, Fachwerkhaus an der Enzbrücke Oberriexingen

Gebratene Gans

Eine Gans sollten Sie beim Metzger Ihres Vertrauens oder beim Bauern direkt bestellen, frisch ist besser als tiefgekühlt! Die Hauptsache ist immer, dass die Gans – sei sie etwas älter oder jünger – im Fleisch weich ist und dennoch eine knusprige Haut hat. Die Gans kann mit oder ohne Füllung gebraten werden, wobei die Füllungen sehr individuell sind. Oft werden die Rezepte von einer zur nächsten Generation weitergegeben, aber fast immer ist Beifuß oder Majoran dabei. Wird die Gans ohne Füllung gebraten, ist die Garzeit kürzer.

1 bratfertige Gans	innen und außen waschen, trocken tupfen. Mit
Salz, Pfeffer	rundherum einreiben, mit
Majoran, Beifuß	würzen. Die Gans mit der Brustseite nach unten in die Bratpfanne oder auf den Bratenrost legen (die Gans soll in den Ofen laufen). Etwa
1½ l kochendes Wasser	in die Bratpfanne gießen und die Gans in den 220 °C heißen Backofen schieben. Je nach Größe der Gans nach 1 bis 1½ Stunden die Gans umdrehen, die Temperatur nun auf 200 °C reduzieren. Die Gans mehrmals mit dem Bratensaft begießen und weitere 1 bis 1½ Stunden braten, bis sie knusprig braun ist. Je nach Geschmack kann man kurz vor Beendigung der Garzeit
1 Schuss Cognac	über die Gans gießen. Die fertige Gans aus dem Ofen nehmen und im ausgeschalteten Ofen warm halten. Die Soße entfetten, einkochen, abschmecken und nach Geschmack mit etwas
Stärkemehl	binden.

Eine Füllung

500 g Maronen	kreuzweise einschneiden, im heißen Backofen rösten, schälen und in
250 ml Fleischbrühe	und
1 Prise Zucker	weich kochen. In der Zwischenzeit

Gänsefeder

5 Brötchen (in Scheiben geschnitten)	mit
500 ml heiße Milch	übergießen.
1 Bund Petersilie (gehackt)	und
2 Zwiebeln (in Würfel geschnitten)	
1 TL Beifuß (gehackt)	
2 Äpfel (Boskop, fein gerieben)	sowie den Abrieb von
1 Zitrone (unbehandelt)	dazugeben. Die Zutaten miteinander vermengen. Die Maronen abtropfen lassen und unterziehen, gut verrühren. Nach Geschmack mit
je 1 Prise Salz, Pfeffer	abschmecken. Die Gans mit der Masse füllen, mit Küchengarn zunähen.

Kreieren Sie Ihre Füllung z.B. aus Äpfeln, Zwiebeln, Orangen oder Backpflaumen. Dabei den Beifuß nicht vergessen.

97

Martinigänse auf der Weide im Oktober

Liebliche Landschaft am Kirbach

Linsen und Saitenwürstle

300 g getrocknete Linsen	waschen. In einer Kasserolle
30 g Butter	erwärmen.
1 geh. EL Mehl	hinzufügen und goldgelb anbräunen.
1 Zwiebel	fein schneiden und die Linsen zugeben. Danach mit
250 ml Gemüsebrühe	und
250 ml Weiß-, Rosé oder Rotwein	ablöschen. Mit
1 – 2 EL Himbeeressig oder Balsamico	sowie
Pfeffer	würzen. Etwas
Tomatenmark	
1 – 2 Lorbeerblätter	
1 Scheibe Bauchspeck (durchwachsen)	hinzugeben und insgesamt etwa 30 bis 40 Minuten köcheln lassen. Zum Schluss salzen und
4 Paar Saiten	über die Linsen legen.

Dazu werden Spätzle (Rezept S. 78) serviert.

Linsen sollten grundsätzlich erst kurz vor Ende der Garzeit gesalzen werden.

Alte Nudelschneidemaschine

Das Leben auf dem Kirbachhof

Kirbachhof mitten im Naturpark Stromberg

Der Kirbachhof an der Straße von Ochsenbach nach Häfnerhaslach liegt mitten im Naturpark »Stromberg«. Sein Ursprung reicht bis in das Mittelalter zurück, wo er als Nonnenkloster erbaut wurde. Noch heute ist er ein vielseitiger Hof, der nicht dem allgemeinen Trend der Spezialisierung gefolgt ist. Große Weideflächen ermöglichen den Milchkühen, Ochsen und Rindern, ihren natürlichen Bedürfnissen uneingeschränkt nachzukommen. Dies wirkt sich auf die Gesundheit der Tiere sehr positiv aus. Durch eigene Aufzucht und natürliche, tiergerechte Haltung der Rinder, Ochsen, Kühe, Hühner, Hähnchen und Gänse ist der Kirbachhof einmalig in seiner Art. Hier leben Mensch und Tier im Einklang mit der Natur.

Bekannt ist der Kirbachhof für seine Weidegänse. Es ist ein schöner Anblick, wenn im Herbst die große weiße Gänseschar über die Weidefläche zieht. Durch die uneingeschränkte Bewegungsfreiheit der Gänse wird eine besonders schmackhafte Fleischqualität erzielt und Feinschmecker wissen dies zu schätzen. Die Gänse kommen jede Nacht in einen mit Stroh eingestreuten Stall, in dem sie vor Raubwild geschützt, sich ins Stroh einkuscheln können. Außerdem bekommen die Tiere eine eigene Körnermischung gefüttert.

Durch die Lage am Naherholungsgebiet ist der Kirbachhof auch ein ideales Wander- und Ausflugsziel. Kurz vor dem Kirbachhof weist ein Schild zum »Kibannele«. Die Herzöge von Württemberg unterhielten beim Kirchbachhof einst einen großen Tierpark mit Fasanerie. Herzog Eberhard III. erbaute ein Jagdschloss mit großen Anlagen und einem See, darin steht als einziger Überrest das Denkmal der »Kibannele«. Im Frühjahr erblühen im Tal die Märzenbecher und erfreuen die Wanderer mit ihrer Blütenpracht. Das Kirbachtal mit seiner Idylle ist immer einen Ausflug wert.

99

Märzenbecher, lat. Leucojum vernum

Hier auf dem Kirbachhof kann man Weidegänse bestellen.

Maultäschla

Der Nudelteig

500 g Mehl	
4 Eier, 2 EL Öl	
1 Prise Salz	und Wasser nach Bedarf zu einem festen Teig verkneten. Zugedeckt 30 Minuten ruhen lassen.

Die Füllung

350 g Bratwurstbrät	in eine Schüssel geben.
150 g Spinat (TK)	auftauen und hinzufügen.
50 g Butter	in einer Pfanne zerlassen.
2 Zwiebeln	fein schneiden und in der Butter goldbraun anbraten.
1 Bund Petersilie	fein schneiden, einen Teil zum Garnieren zur Seite stellen, den Rest darüber geben. Danach
1 Ei	sowie
Kräutersalz, Pfeffer, Muskat	hinzufügen und alle Zutaten gut vermischen. Den Teig dünn auswellen (etwa 1 mm). Die Hälfte des Nudelteigs ausbreiten, dann die Füllung auf dem Teig gleichmäßig – fast bis zum Rand – verteilen. Die andere Hälfte des Teiges darüber legen. Danach fährt man mit einem großen Teller Bahnen längs und quer über den gefüllten Teig und trennt diese vorsichtig mit einem Messer. Nun in
1½ – 2 l Gemüse- oder Fleischbrühe (leicht kochend)	geben und ziehen lassen, bis die Maultaschen oben schwimmen. Danach auf eine vorgewärmte Platte geben.

100

Die Maultäschle werden entweder in der Brühe mit Zwiebeln, etwas Schnittlauch und Petersilie serviert oder geröstet zu Kartoffelsalat (Rezept S. 34) gereicht. Man kann die Maultäschle wunderbar einfrieren.

In der heißen Gemüsebrühe köcheln, bis sie nach oben kommen.

Schwäbische Maultaschen

Von Metzgerei Näher, »Gasthaus Rose« in Hohenhaslach

Der Nudelteig

500 g Mehl	mit
4 Eier, 2 EL Öl	
1 Prise Salz	und Wasser nach Bedarf zu einem festen Teig verkneten. Zugedeckt 30 Minuten ruhen lassen.

Die Füllung

100 g geräucherter Speck	in feine Streifen schneiden, mit
2 Zwiebeln (klein gehackt)	
2 Lauchstangen (feine Ringe)	anschwitzen.
4 Brötchen (vom Vortag)	in Würfel schneiden, in
125 ml heiße Milch	einweichen, danach ausdrücken und mit
½ Bund Petersilie	
250 g gekochter Spinat	
50 g roher Spinat	durch den Wolf drehen. Nun mit Speck, Zwiebeln und Lauch vermengen.
3 Eier	sowie
300 g Bratwurstbrät	untermengen, mit
Salz, Pfeffer (aus der Mühle)	und
Muskat (frisch gerieben)	abschmecken.

101

Die Fertigstellung

	Den Teig zu einem dünnen Rechteck ausrollen. Die Masse darauf streichen und einrollen. In etwa 3 cm breite schräge Ecken schneiden. In
Salzwasser oder Fleischbrühe	geben und 12 Minuten ziehen lassen. Danach herausnehmen, anrichten.

Mit Zwiebelschmelze servieren.

Das Glattstreichen der Füllung

Fleischküchle und Hackbraten

Die Fleischküchle

200 g Kalbsbrät (frisch)	mit
300 g Hackfleisch (gemischt)	sowie
1 Ei, 1 EL Kräutersalz	
Pfeffer (schwarz, frisch gemahlen)	vermengen.
Muskat	darüber reiben.
1 Knoblauchzehe	sowie
1 Zwiebel	fein schneiden und in
30 g Butter	goldgelb anbraten, abkühlen lassen.
½ Bund Petersilie	fein schneiden, etwas zum Garnieren zur Seite stellen.
1 Brötchen (vom Vortag)	in Wasser einweichen, ausdrücken. Alle Zutaten in eine Schüssel geben und gut vermischen. Danach nochmals abschmecken, kleine Küchle daraus formen und in
30 g Butter	auf beiden Seiten je 7 Minuten anbraten und mit restlicher Petersilie bestreuen.

Mit Kartoffelsalat (Rezept S. 34) und Ackersalat servieren.

102

Der Hackbraten

Alle Zutaten in eine Schüssel geben und gut vermischen. Danach nochmals abschmecken. Den Teig in eine längliche Form bringen und in etwas

Sonnenblumenöl	im Backofen etwa 45 Minuten bei 190 °C braten, ab und zu mit dem Saft übergießen.

Blumenschmuck

Abendstimmung

Glasierter Schweinebraten mit Honig

1 kg Schweinerücken (ausgelöst)	mit
Salz, Pfeffer	würzen.
4 EL Olivenöl	in einen Bräter geben, erhitzen und das Fleisch darin von allen Seiten anbraten. Den Backofen auf 160 °C Umluft vorheizen. Von
300 ml Fleischbrühe	etwas abnehmen, den Braten ablöschen und im Ofen ungefähr 1 Stunde garen, dabei immer wieder etwas von der Brühe angießen, so dass der Boden immer leicht bedeckt ist.
800 g kleine Kartoffeln	waschen, halbieren und während der letzten 35 Minuten um das Fleisch herum verteilen, salzen, pfeffern, ab und zu wenden.
2 EL Rosmarin (frisch gehackt)	mit
2 EL Pistazien (gehackt)	
4 EL Honig	verrühren und das Fleisch damit während der letzten 30 Minuten immer wieder bestreichen. Nach Beendigung der Garzeit das Fleisch in Scheiben schneiden und mit dem Bratensaft und den Kartoffeln servieren.

103

Planwagen der Familie Schillinger, Gündelbach

Der ganze Stolz des Besitzers – seine »Schwarzwälder Füchse«

Sachsenheim – das Tor zum Stromberg

... mit seinen Stadtteilen Kleinsachsenheim, Hohenhaslach, Spielberg, Ochsenbach und Häfnerhaslach, ist landschaftlich sehr schön im Kirbachtal zwischen Wäldern und Weinbergen gelegen. Mittelpunkt des täglichen Lebens ist das Schloss in Großsachsenheim. Schlossherr, Bürgermeister Horst Fiedler, kann stolz sein auf die Stadt und das Rathaus, »sein Schloss«. Was aber wäre das Sachsenheimer Schloss ohne seinen Hausgeist, das »Klopferle«, welches am Schlossportal in Stein gehauen ist? Viele Sagen ranken sich um diesen Hausgeist, der überall im Haus herumklopfen soll und daher auch seinen Namen erhielt.

Den Erzählungen nach hat das Klopferle dem Haus und seinen Bewohnern gute Dienste geleistet. Zeugen der Vergangenheit sind auch die eindrucksvolle Wehrkirche und das alte Pfarrhaus, die ehemalige Vogtei. Kultur und Brauchtum werden in Sachsenheim großgeschrieben. Bekannt ist der Urzelnlauf zur Faschingszeit. Sachsenheim hat ein kleines feines Museum, das mit Wechselausstellungen die Besucher anlockt. Landwirtschaft, Handwerk und Gewerbe haben in Sachsenheim eine lange Tradition. So gab es hier sogar eine Zigarren- und Zigarettenfabrikation. Die Partnerstadt von Sachsenheim ist das französische Valréas.

Häfnerhaslach in reizvoller Landschaft

Im Kirbachtal liegt der Sachsenheimer Ortsteil Häfnerhaslach. Der Name stammt wohl von dem hier ehemals ansässigen Handwerk der Häfner. Töpferwaren wie Ölkrüge, glasierte Milchtöpfe und Bettflaschen, die mit heißem Sand gefüllt wurden, sind hier einst gefertigt worden, jedoch wurden 1904 diese Arbeiten eingestellt. Der kleine idyllische Ort mit seinen Fachwerkhäusern ist ein Anziehungspunkt für den Fremdenverkehr im Nahbereich. Ein Ausflug auf den Heiligenberg mit seinem See lässt Urlaubsstimmung aufkommen und man kann dabei den Stress des Alltags vergessen.

Vierblättriges Kleeblatt

Eingang zum Schloss Sachsenheim

Siegles Bissinger Flößerbraten

1½ kg marinierter, gepökelter Schweinehals auf ein Blech mit Auffangschale legen. Den Backofen auf 160 °C (Heißluft) vorheizen. Ein Gefäß mit Wasser zur Befeuchtung in den Backofens stellen. Den Schweinehals im Backofen etwa 1½ bis 2 Stunden garen.

Die Bratensoße

Wurzelgemüse (Sellerie, Karotte, Petersilienwurzel) sowie

1 Zwiebel in Stücke schneiden und zusammen mit

Schweine- und Rindfleischknochen in

3 EL Rapsöl anbraten.

1 EL Tomatenmark sowie

Salz, Pfeffer hinzufügen und mit

Wasser oder Fleischbrühe übergießen, aufkochen und dann weiter köcheln lassen, bis die Flüssigkeit einreduziert ist. Dann die Knochen nochmals anbraten und erneut etwas Flüssigkeit angießen. Anschließend die Soße durch ein Sieb passieren.

105

Dazu reicht man Kartoffelsalat (Rezept S. 34) und frische Zwiebelringe mit Bauernbrot.

Das Schrempf'sche Haus, ein stattlicher Vierseithof des 17. Jahrhunderts mit Rommelmühle im Hintergrund, Bissingen

Jungschweinlende im Pilzkräutermantel

Von Gabriele Heinz aus Erligheim

500 g Schweinelendchen	Spitzen und Enden entfernen, mit
Salz, Pfeffer (aus der Mühle)	würzen, in
2 EL Öl	rundum gut anbraten und abkühlen lassen.
600 g Blattspinat	putzen, waschen, blanchieren und die Blätter auf Küchenkrepp trocknen, zur Seite stellen. Den Backofen auf 160 °C vorheizen.
50 g Champignons	sowie
50 g Pfifferlinge	putzen, fein hacken und zusammen mit
30 g Speck (fein geschnitten)	sowie
1 kleine Zwiebel (fein geschnitten)	kurz anbraten, abkühlen lassen.
Je 20 g Petersilie, Schnittlauch	und
1 Knoblauchzehe	fein schneiden und mit
250 g Kalbsbrät	
20 g Crème fraîche	
1 Ei	zu den Pilzen geben, gut vermischen und abschmecken.
1 – 2 Schweinenetze	ausbreiten, die Spinatblätter auflegen und darauf die Pilz-Kräuter-Paste etwa 1 cm dick auftragen. Danach die Lendchen auflegen und sauber in das Netz einschlagen. In einer Kasserolle in wenig
Öl	im vorgeheizten Backofen bei 160 °C 45 Minuten garen.

106

Schweinenetze (Größe 20 – 30 cm je Lendchen) sollten Sie vorbestellen. Anstelle des Netzes gibt es auch Eiweißfolie, die essbar ist und sich beim Braten auflöst.
Dazu passen Spätzle (Rezept S. 78), in Butter geschwenkt, und ein Glas trockener Riesling.

Hier wohnt eine Katzenliebhaberin.

Bierfleisch mit Brezelknödel

Von Carolin Kiesel aus Bietigheim-Bissingen

Das Bierfleisch

500 g Schweineschulter	in 2 cm große Würfel schneiden, mit
Salz, Pfeffer	würzen und in einer Pfanne mit
2 EL Öl	scharf anbraten.
250 g Lauch	in 1 cm breite Streifen schneiden, dazugeben, gut durchrösten. Danach
1 EL Tomatenmark	2 bis 3 Minuten mitrösten. Mit
2 EL Paprikapulver (scharf)	würzen.
4 Knoblauchzehen	schälen, fein hacken, hinzufügen, die Hitze reduzieren und
500 ml helles Hefe oder Distelhäuser Dinkelbier	aufgießen. In etwa 40 Minuten weich dünsten.
300 g Kidneybohnen (aus der Dose)	dazugeben, mit
1 Prise Salz, Pfeffer	und
1 EL Majoran	gut abschmecken.
250 – 300 ml Fleischbrühe	zugeben.

107

> *Den Knödel in Scheiben schneiden und zusammen mit dem Bierfleisch auf den Tellern anrichten.*

Der Brezelknödel

4 Brezeln (vom Vortag)	in Würfel schneiden.
200 ml Milch	erhitzen, über die Brezeln gießen, 10 Minuten ziehen lassen.
1 Zwiebel	in
2 EL Butter	glasig dünsten, mit
2 EL Petersilie (gehackt)	
2 Eigelb	
1 Ei	und der Brezelmasse mischen. Zuerst in Klarsichtfolie, dann in Alufolie straff einwickeln und im Wasserbad 15 Minuten garen.

Tulpenarrangement im Garten

Schwäbische Trollinger-Kutteln mit Bratkartoffeln

Von Klaus-B. Schmidt, Hotel und Restaurant Otterbach in Bietigheim-Bissingen

1½ kg Kartoffeln (festkochend)	am Vortag garen. Aus
100 g Schweineschmalz	und
100 g Mehl	eine dunkle Mehlschwitze zubereiten, mit
500 ml Rinderbouillon	und
500 ml Trollinger	ablöschen.
Wacholder, Nelke, Lorbeer	in ein Säckchen binden, dazugeben und 15 Minuten köcheln lassen.
50 g geräucherter Bauchspeck	in Würfel schneiden, anbraten.
1½ kg Kutteln (gekocht, in Streifen geschnitten)	zugeben, kurz anrösten, mit der Mehlschwitze auffüllen.
50 ml Weinessig	dazugeben und weitere 15 Minuten köcheln lassen. In der Zwischenzeit die geschälten Kartoffeln in Scheiben schneiden und in einer Pfanne knusprig braten, zum Schluss salzen. Die Kutteln noch mit
Salz, Pfeffer	abschmecken. In einem Suppenteller anrichten und die Bratkartoffeln dazu servieren.

Kutteln sollten Sie beim Metzger vorbestellen. Eine Weinempfehlung von Hilde Seitz – Weinexpertin: »Die Milch der Schwaben«, 2009 Trollinger Terra S trocken, saftig, herzhaft, würzig mit harmonischem Echo auf der Zunge.

Trollinger Traube kurz vor der Ernte

Schützingen am südlichen Stromberg

Schützingen ist ein Ortsteil von Illingen und liegt am südlichen Stromberg im Tal der Metter, umgeben von Wiesen und Wäldern mit Naturschutzgebieten. An den Südhängen von Gleichenberg, Endberg und Gausberg befinden sich die Schützinger Weinberge. Die Weinbaugeschichte kann bis in die Karolingerzeit zurückverfolgt werden, denn schon in dieser frühen Zeit wird von ersten Rebanlagen berichtet. Der kleine Ort war nach dem Dreißigjährigen Krieg menschenleer. Österreichische Flüchtlinge, die wegen ihres Glaubens vertrieben wurden, siedelten sich hier wieder an.

Schützingen ist ein typisches Straßendorf. Im Ortskern reihen sich kleine Hakenhöfe und beeindruckende Fachwerkhäuser aneinander. Dank Denkmalschutz hat sich der Ort den Charakter eines liebenswerten, romantischen Dorfes bewahrt. Mittelpunkt ist die gotische evangelische Pfarrkirche St. Ulrich, eine Wehrkirche, die von einer hohen Mauer umgeben ist.

Bei einer Schützinger Menüwanderung ist Wandern und Genießen angesagt. Interessante Führungen durch den malerischen Ort und die nahen Weinberge, garniert mit spannenden Geschichten aus vergangenen Jahrhunderten, werden hier angeboten. Dazwischen gibt es bei gleich drei Gastronomen schwäbische Spezialitäten mit heimischen charaktervollen Weinen zu verkosten.

Mitten im alten Ortskern steht die »Krone«, ein gut erhaltenes Fachwerkhaus aus dem 16. Jahrhundert, seit 1743 ununterbrochen als Gasthaus genutzt. Dort findet man noch jene gemütliche familiäre Atmosphäre einer guten ländlichen Gaststube. In einem Weingut mit Gutsschenke gibt es Allerlei aus der schwäbischen Küche und eigene Weine, ein Ort zum Wohlfühlen. Ein weiteres Weingut bietet bodenständige Weine und erstklassige Gewächse feinster Art vom Heiligenberg an. Ein Besuch in Schützingen und seiner herrlichen Umgebung lohnt sich allemal.

109

Rebsorte Trollinger

Von Dieter Schedy

Überall – so auch in Schützingen – ist der Trollinger zu Hause. Seine Heimat ist Tirol (der Tirolinger) wo er als Vernatsch angebaut wird. Im 17. Jahrhundert kam er von dort zu uns. Er ist Leib- und Magengetränk der hier ansässigen Bevölkerung. Er liefert hellrote, frische, herzhafte Weine. Er ist treuer Essensbegleiter, passt zu dem vorzugsweise leichten Essen. Er ist aber auch beliebt als Vierteleswein – morgens, mittags, abends und auch nachts.

Brunnenskulptur im Ortskern von Schützingen

Bietigheimer Laubfrösche

16 Spinatblätter	in einem Topf mit kochendem Wasser kurz blanchieren, sofort abgießen, zur Seite stellen.
1 Brötchen	in Wasser oder Milch einweichen, ausdrücken und in kleine Stücke zupfen.
1 Zwiebel	fein würfeln.
250 g Hackfleisch (vom Rind)	mit
Kräutersalz, Pfeffer, Paprika, Muskat	würzen. Mit
1 Ei	sowie der Zwiebel, dem Brötchen und
½ Bund Petersilie (fein gehackt)	
2 EL Weckmehl (frisch gerieben)	gut vermischen. Daraus kleine Würstchen formen, diese auf die Spinatblätter legen und vorsichtig einrollen.
2 Knoblauchzehen	fein schneiden und in
50 g Butter	zusammen mit den Laubfröschen vorsichtig in einer Pfanne, jedoch nur auf einer Seite, anbraten, so dass der Spinat nicht braun wird.
100 ml süße Sahne	darüber geben und mit
Salz, Pfeffer	abschmecken.

> *Dazu werden Bratkartoffeln oder Reis serviert.*

Kühe auf der Weide bei Häfnerhaslach

Laubfrosch lat. Hyla arborea

Kalbskoteletts mit Romanesco

4 Kalbskoteletts	trocknen, an der Fettkante einschneiden und mit
Salz, Pfeffer (schwarz, frisch gemahlen)	würzen.
1 Zwiebel	sowie
1 Knoblauchzehe	fein schneiden. In einer Pfanne mit
20 g Butter	
2 EL Sonnenblumenöl	anschwitzen. Die Kalbskoteletts kurz auf beiden Seiten anbraten und in Alufolie wickeln. Warm halten, bis kurz vor dem Servieren.
1 kleiner Romanesco	zerkleinern und in kochendem Wasser kurz garen.
1 rote Paprikaschote	sowie
1 Zucchini	
4 Cocktailtomaten	in kleine Stücke schneiden und in einer Pfanne mit
4 EL Olivenöl	anbraten, Romanesco hinzufügen, 10 Minuten zugedeckt bei kleiner Hitze ziehen lassen. Mit
Kräutersalz, Pfeffer (frisch gemahlen)	würzen. Die Koteletts kurz erhitzen und auf den vorgewärmten Tellern mit dem Gemüse arrangieren. Zum Schluss mit
Petersilie	und
Frühlingszwiebelröllchen	bestreuen.

111

> *Dazu werden gerne Kartöffele (Rezept S. 79) gereicht. Romanesco enthält mehr Vitamin C, Eiweiß und Mineralstoffe als der weiße Blumenkohl. Romanesco sollte man möglichst frisch verwenden.*

Jägerhochstand bei Häfnerhaslach

Kalbskotelett mit Romanesco

Kalbsleber mit Apfel

600 g Kalbsleber (4 Scheiben à 150 g)	waschen, trocknen und in
4 EL Mehl	wenden.
50 g Butter	in einer beschichteten Pfanne zerlassen.
1 große Zwiebel	fein schneiden, hinzufügen, hellbraun anschwitzen.
1 großer Apfel (geschält)	in kleine Stücke schneiden, hinzufügen und mitgaren, dann die Leber kurz von beiden Seiten anbraten (medium). Mit etwas
Kräutersalz, Pfeffer (frisch gemahlen)	würzen und mit
125 ml Sherry (dry oder medium)	ablöschen. Die Leberscheiben auf den vorgewärmten Tellern mit den Apfelstücken und Zwiebeln anrichten.

Hierzu werden entweder Kartoffelpüree oder Kartöffele (Rezept S. 79) und Salat serviert. Die Leber immer erst zum Schluss salzen, da sie sonst schnell hart werden kann.

Kleine Zieräpfel

Steuobsternte in Bietigheim beim Viadukt

Kalbsmedaillons in Morchelrahm flambiert

600 g Kalbsfilet	in 8 Scheiben schneiden, mit
Kräutersalz	einreiben. Beide Seiten mit
Pfeffer (schwarz, frisch gemahlen)	bestreuen. Die Fleischstücke in einer feuerfesten Pfanne mit
80 g Butter	und
2 EL Sonnenblumenöl	kurz scharf anbraten.
1 kleine Zwiebel	sowie
3 Schalotten	klein schneiden und hinzufügen, goldbraun werden lassen.
1 Knoblauchzehe	fein schneiden (nicht pressen), dazugeben.
30 g Spitzmorcheln (8 – 12 Stück)	waschen und in einem Glas Wasser einweichen, später klein schneiden und hinzufügen.
1 EL Mehl	darüber geben, anschwitzen und mit
125 ml Cognac	ablöschen und flambieren.
250 ml Weißwein oder Rosé	sowie
250 ml süße Sahne	dazugeben und umrühren. Zum Schluss auf kleiner Stufe ein paar Minuten ziehen lassen.

113

Dazu werden Spätzle (Rezept S. 78) und ein bunter Blattsalat (Rezept S. 33) serviert.

Fensterdekoration mit Wichtelmännle in Roßwag

Still ruht der Horrheimer See.

Gebratene Kalbsnierle in Balsamico-Soße

Von Klaus-B. Schmidt, Hotel und Restaurant Otterbach in Bietigheim-Bissingen

1 kg Kalbsnieren	Fett und Nierengänge vom Metzger sauber entfernen lassen. In Streifen schneiden, in einer Pfanne mit
1 EL Butterschmalz	anbraten, danach mit
Salz, Pfeffer	würzen und herausnehmen.
50 g Zwiebelwürfel	in der Pfanne anschwitzen, mit
400 ml brauner Kalbsfond	und
100 ml Weißwein	ablöschen. Mit
Stärkemehl	abbinden und mit
2 EL Balsamico-Essig	abschmecken. Die Nieren kurz durchschwenken.
1 EL Petersilie (klein gehackt)	darüber streuen.

Dazu werden gerne Spätzle (Rezept S. 78) gereicht. Eine Weinempfehlung von Frau Hilde Seitz – Weinexpertin: 2009 Spätburgunder »Fels« trocken. Sein leuchtendes Farbspiel, sein ausdrucksstarkes Kirscharoma, sein Feuer trägt, belebt und unterstützt.

Der Köllesturm in Bönnigheim, historischer Bestandteil der Stadtbefestigung aus dem Jahre 1286

Renaissance-Gärtchen an der Metter in Bietigheim

Schwäbischer Zwiebelrostbraten

4 Rostbratenscheiben (à 200 g)	leicht klopfen und den Fettrand mehrmals einschneiden, damit sich das Fleisch beim Braten nicht wölbt. Auf beiden Seiten mit
je 1 Prise Pfeffer	würzen.
4 große Zwiebeln	in feine Ringe schneiden.
2 EL Öl	in einer Pfanne erhitzen, die Zwiebelringe hineingeben und bei mittlerer Hitze goldbraun braten. Die Rostbratenscheiben in einer weiteren Pfanne mit
2 EL Öl	rasch scharf anbraten. Dann auf jeder Seite je nach Wunsch zwischen 2 bis 4 Minuten weiterbraten und mit
Salz	würzen. Aus der Pfanne nehmen und warm halten. Den Bratenfond mit
125 ml Fleischbrühe	sowie
125 ml Trollinger	ablöschen, leicht einkochen. Wer mag, kann die Soße mit wenig
Mehlbutter	andicken, wenn nötig nochmals abschmecken. Das Fleisch auf vorgewärmten Tellern anrichten, die gerösteten Zwiebeln darauf geben und die Soße darüber gießen.

115

Die Bratzeit der Rostbratenstücke kann sehr unterschiedlich sein, erstens je nach Dicke und zweitens je nach Geschmack. Rostbraten kann mit Brot, Rostkartoffeln oder Spätzle gegessen werden.

Gasthof Lamm – hier kocht der Wirt noch selbst!

Rathausuhr aus dem Jahre 1949 in Nußdorf

Rinderbäckchen in Rotwein

Von Benjamin Maerz, Hotel und Restaurant »Rose« in Bietigheim-Bissingen

1 kg Rinderbäckchen	mit
1 Scheibe Speck	in
3 EL Öl	anbraten, die Rinderbäckchen herausnehmen.
300 g Wurzelgemüse (geschnitten)	sowie
2 Zwiebeln (fein geschnitten)	dazugeben, gut durchrösten.
1 EL Tomatenmark	unterrühren, das Tomatenmark darf nicht schwarz werden. Mit
500 ml Rotwein	ablöschen.
1 Lorbeerblatt	sowie
Thymian	
2 Wacholderbeeren	
5 Pfefferkörner	dazugeben und mit
1 l klare Rinderbrühe	auffüllen. Die Rinderbäckchen wieder in den Topf geben und zugedeckt für etwa 2½ Stunden im vorgeheizten Backofen bei 140 °C fertig garen. Vor dem Servieren mit
Salz, Pfeffer	abschmecken.

> *Dazu Kartoffelpüreecreme reichen.*

116

Pferdeskulptur von Jürgen Görtz, Tor zur Fußgängerzone Bietigheim-Bissingen

Einer der vielen Rundwanderwege

Wegbegleiter Wein

Von Hilde Seitz

Wenn Du in der Hektik der Zeit Dich selbst verlierst, rate ich Dir,
Setze Dich hin und werde still. Nimm ein Gläschen Wein mit Stiel,
Das Gläschen sei gefüllt mit edlem Wein, er soll Dein Begleiter sein.
Der Wein hilft zu öffnen Fenster und Tür
Und Du wirst bemerken, auf einmal bist Du bei Dir.
In Dir selbst bist Du zu Haus, da wirft Dich keiner hinaus,
Deine Gedanken werden verwandelt,
Sie werden klar und rein – sie entsprechen dem Wein.
Du hast nun individuell das Leben gespürt – sag ist das etwas verführt?
Meine Antwort ein klares – Nein –
Denn der Wein kann ein wunderbarer Wegbegleiter sein.

117

Hotel und Restaurant »Rose«, Bietigheim-Bissingen

Rotweinglas

Lammkeule mariniert

Von Familie Schuhmacher, Ochsenbach – zubereitet mit dem Kirbachtaler Streuobstwiesenlamm

Die Marinade

3 EL Zitronensaft	sowie einige
Minzeblättchen (fein gehackt)	
125 ml Rotwein (trocken)	
3 EL Öl	
100 g Zwiebeln (fein gehackt)	und
je 1 EL Dill, Schnittlauch, Petersilie	sorgfältig verrühren.

> *Die Lammkeule kann bereits am Vortag in die Marinade eingelegt werden.*

Die Zubereitung

1 Lammkeule (1½ kg)	mit der Marinade einreiben und einige Stunden im Kühlschrank durchziehen lassen. Danach die Lammkeule aus der Marinade nehmen, trocken tupfen und ringsherum mit
Salz, Pfeffer	würzen.
2 EL Butterschmalz	in einem Bräter erhitzen, die Keule von allen Seiten kräftig anbraten und im vorgeheizten Backofen bei 175 bis 200 °C etwa 2 Stunden braten. Dabei nach und nach
250 ml Rotwein (trocken)	sowie
250 ml Fleischbrühe	zugießen. In der Zwischenzeit
je 2 Lauchstangen, Karotten, Tomaten	putzen, waschen und klein schneiden, 30 Minuten vor Ende der Garzeit zum Fleisch geben. Die Keule aus dem Fond nehmen und warm stellen. Den Bratenfond durch ein Sieb gießen, die Gemüsezutaten dabei durch das Sieb passieren. Die Soße mit
100 g Crème fraîche	verfeinern und mit
Salz, Pfeffer	abschmecken, zur Lammkeule reichen.

Typisch für die Region – Streuobstwiesen und Weinberge

Lammbraten mit Quitte und Kürbis

1½ kg Lammbraten	in mundgerechte Würfel schneiden.
2 große Zwiebeln	schälen und in nicht zu kleine Stücke zerteilen.
4 EL Öl oder Schmalz	im Schmortopf erhitzen und darin zuerst die Zwiebeln, dann das Fleisch anbraten. Mit
Salz, Pfeffer	sowie etwas
Nelkenpulver	würzen.
1 große Quitte	schälen, Kernhaus entfernen, zusammen mit
250 g Kürbisfleisch	in große Würfel schneiden und in den Schmortopf geben.
1 TL Essig	sowie
1 Stück Würfelzucker	hinzufügen
1 l Fleisch- oder Lammfond	angießen und etwa 45 Minuten schmoren lassen – Garprobe machen.

Dazu entweder Reis, Kartoffeln oder Spätzle (Rezept S. 78) servieren.

119

»Carlo«, Chef der Lammherde auf dem Lammhof der Familie Schuhmacher, Ochsenbach

Quittenbaum

Streuobstwiesen-Lämmer aus dem Kirbachtal

Im oberen Kirchbachtal werden Flächen durch Schafhaltung bewirtschaftet. Auf dem Lamm-Hof befinden sich auch noch andere Tiere, die bei der täglichen Arbeit sehr wichtig sind. Mohr ist der Hütehund, ein echter Border Collie. Ein wertvoller Helfer, wenn es darum geht, mit den Schafen die Weide zu wechseln, Straßen zu überqueren oder verlorene Schafe wieder zur Herde zurückzutreiben.

Eine kleine Ziegenherde, die mittlerweile immer größer wird, übernimmt eine wichtige Rolle in der Landschaftspflege. Auch Gänse, Hühner, Pferde und Katzen fühlen sich auf dem Hof wohl. Die Schafe weiden das ganze Jahr auf Streuobstwiesen rund um Ochsenbach mitten im Naturpark Stromberg. Hauptsächlich werden Suffolk-Schafe gehalten. Chef der Schafherde ist ein stattlicher Schafbock, der auf den Namen Carlo hört. Nur in sehr kalten Wintertagen werden hochtragende Schafe und frisch abgelammte Muttertiere mit ihren Lämmern vorübergehend im Schafstall untergebracht.

Diese Schafhaltung macht sich vor allem in der hervorragenden Qualität des Fleisches bemerkbar. Durch die natürliche Futtergrundlage und artgerechte Haltung wird ein wunderbar zartes und aromatisches Lammfleisch erzeugt. Lammfleisch trägt mit zu einer ausgewogenen, modernen und gesunden Ernährung bei. Es enthält unentbehrliches Eiweiß, lebenswichtige Vitamine, Mineralstoffe und Spurenelemente. Immer mehr Menschen erkennen die wohltuende Wirkung eines Schaf-Felles. Ein Schaf-Fell fördert die Entspannung und Regeneration des Körpers. Durch seine Eigenwärme fühlt es sich angenehm an und ist darüber hinaus auch sehr pflegeleicht. Die Felle sind geeignet für Kinderwagen, Babybett, Laufstall, sehr angenehm als Rollstuhleinlage, individuell in den Lesesessel oder als Bettunterlage, Hausschuhe in allen Größen, Babyfellschuhe und Sitzkissen. Schafmilchkosmetik ist vor allem aufgrund ihrer natürlichen Beschaffenheit für Hautprobleme wie Neurodermitis oder Psoriasis geeignet.

*Tränendes Herz,
lat. Dicentra spectabilis*

*Schafherde der Familie
Schuhmacher in Ochsenbach*

Hirschsteaks

4 Hirschsteaks oder Hirschfilets (à 150 g)	beim Metzger Ihres Vertrauens vorbestellen. Für die Marinade
2 EL Sonnenblumenöl	mit
250 ml Rotwein (trocken)	
Salz, Pfeffer	
2 Lorbeerblätter	
4 Nelken	
1 Zwiebel (geschnitten)	
2 Knoblauchzehen (geschnitten)	verrühren. Das Fleisch einlegen, ziehen lassen und über Nacht kühl stellen. Die Steaks trocken tupfen, in einer Pfanne mit
1 EL Butter	und
1 EL Sonnenblumenöl	kurz von beiden Seiten scharf anbraten, das Fleisch entnehmen und in Alufolie wickeln.
1 EL Mehl	in den Bratensaft geben, mit
Salz, Pfeffer (schwarz, frisch gemahlen)	würzen. Mit der Marinade ablöschen und
100 ml süße Sahne	hinzufügen. Das Fleisch erst kurz vor dem Servieren in die Soße legen.

> *Dazu werden Waldpilze (Rezept S. 81), Spätzle (Rezept S. 78) und ein gemischter Salat (Rezept S. 33) serviert.*

121

Löchgauer Segelflugplatz

Brücke über den Strudelbach in Riet, ein kleiner idyllischer Ort im Strudelbachtal. Mitten im Dorf steht das Schloss des Grafen von Reischach.

Rehrücken »Jägerart« (für 6 Personen)

1½ kg Rehrücken	mit
Salz, Pfeffer (schwarz, frisch gemahlen)	würzen, mit
150 g Speckstreifen	spicken und in eine Schüssel legen.
100 g Schalotten	und
100 g Karotten	grob schneiden. Mit
Thymian, 1 Lorbeerblatt	
Petersilie, Rosmarin	
1 EL Zitronensaft	
1 EL Cognac	
50 ml Rotwein	zu einer Marinade verrühren und über den Rehrücken geben. Danach 4 Stunden kühl stellen und das Fleisch darin immer wieder wenden. Anschließend das Fleisch aus der Marinade nehmen, trocken tupfen und mit Schnur umwickeln. In
3 EL Butterschmalz	scharf anbraten, 1½ Stunden im Backofen bei 225 °C schmoren, immer wieder wenden und mit Marinade übergießen. Danach die Marinade durchseihen.
150 ml Fleischbrühe	und
125 ml saure Sahne	
1 EL Stärkemehl	sowie
1 EL Johannisbeer-Gelee	zusammen aufkochen und die Soße mit
Salz, Pfeffer (aus der Mühle)	abschmecken.

122

Zum festlichen Essen gehören mit Preiselbeeren gefüllte Birnenhälften, Kartoffelkroketten und Rotkohl. Dazu passt ein trockener Lemberger.

Lemberger Weintraube

Hohenhaslach – weithin sichtbar

Dieser Stadtteil von Sachsenheim liegt weithin sichtbar auf einem Bergsporn, einem Ausläufer des Strombergs. Hohenhaslach, von den Einheimischen liebevoll »Haslich« genannt, ist geprägt von seiner exponierten Lage und seinem berühmten Weinbau. Insbesondere die Rotweinsorten Trollinger und Lemberger sind hier weit bekannt. Viele Weingüter sorgen für gute württembergische Qualitätsweine und manch andere erlesene »Tropfen«. Die Pfarrkirche St. Georg aus dem 13. Jahrhundert hat frühgotische Fresken aufzuweisen. Die Kirche, das Rathaus, die Kelter und die Weinberge machen Hohenhaslach zu einem beliebten Ausflugsziel und seine Silhouette zu einem stimmungsvollen Fotomotiv. Von der Höhe hat man einen herrlichen Ausblick ins »Ländle«. Die Thermik am Berg nutzen die Gleitschirmflieger von Hohenhaslach für ihre Flüge weit über die Weinberge, den See, die Wiesen und Wälder.
Unten im Tal, Richtung Sachsenheim, liegt die Domäne Rechentshofen, ein ehemaliges, 1240 gegründetes Zisterzienserkloster, das jedoch im Zuge der Reformation aufgelöst wurde. Heute steht Rechentshofen unter staatlicher Herrschaft und wird als landwirtschaftliche Domäne genutzt. Bei den regelmäßig stattfindenden Hoffesten kann man die noch erhaltenen Klostergebäude bei Führungen besichtigen.

123

Rebsorte Lemberger

Von Dieter Schedy

Die wohl bedeutendste rote Rebsorte ist der Lemberger. Er ist vermutlich eine alte österreichische Sorte, die von Robert Schlumberger verbreitet wurde. In Österreich ist es der Blaufränkische. Er ist seit dem 18. Jahrhundert bekannt und kam um 1840 zu uns. Die Rebe liebt windgeschützte Lagen. Sie liefert markante, säurebetonte Weine, die auch deutlich ihre Tannine dem Trinker präsentiert. Die Farbe ist dicht, die Säure ausgeprägt. Der Duft nach reifen Brombeeren und Cassis verleihen ihm seine Einmaligkeit. Er ist ein hervorragender Begleiter zu Wildgerichten, Schmorbraten, Grillgerichten, Rostbraten, zu würzigen Käsesorten wie Bergkäse und Blauschimmelkäse und stark mit Kräutern gewürzten Gemüsegerichten. Die Rebe liebt tiefgründige Löss- und Keuperböden, die wir vor allem auf den Höhen um Walheim finden, dann auch in Richtung Bönnigheim und an den Hängen des Strombergs.

Rapsfeld unterhalb von Hohenhaslach – herrliches Weinbaugebiet

Rehfilet mit Rosenkohlnestchen

600 g Rehfilet am Stück	vorsichtig waschen, trocken tupfen. In eine Marinade bestehend aus
Salz, Pfeffer	
6 Wacholderbeeren	
3 Lorbeerblätter	
3 Nelken	
1 Zwiebel (geschnitten)	sowie
500 ml Rotwein	einlegen und über Nacht kühl stellen. Das Filet aus der Marinade nehmen und trocken tupfen, in
50 g Butter, 3 EL Sonnenblumenöl	scharf anbraten.
1 Zwiebel	vierteln, dazugeben.
2 Karotten	und
1 Petersilienwurzel	würfeln, hinzufügen und kurz anschmoren. Das Filet entnehmen und in Alufolie wickeln.
1 – 2 EL Mehl oder Speisestärke	mit etwas

124

Frische Karotten im Angebot

Freie Maskentiergesellschaft Ludwigsburger Dick- und Tierschädler und Schlossgespenster Verein, Pferdemarkt Bietigheim-Bissingen

Marinade	verrühren und danach mit
250 ml Rotwein	sowie
200 ml süße Sahne	ablöschen. Mit
Salz, Pfeffer (schwarz, frisch gemahlen)	abschmecken.
400 g Rosenkohl	waschen und putzen. In wenig Salzwasser 10 Minuten bissfest garen. Etwas
Muskatnuss	darüber reiben.
50 g Butter	dazugeben.
TK-Blätterteig	in Streifen schneiden, im Körbchenstil über eine Tasse legen, dann im Backofen goldbraun backen. Das Filet in Stücke schneiden und nur kurz in der Soße erwärmen. Die Blätterteig-Körbchen auf dem Teller platzieren und mit dem Rosenkohl füllen.
Spätzle (Rezept S. 78)	an die Seite legen, Rehfilet-Scheiben anrichten und zum Schluss die Soße darüber geben.

Dazu passen auch Kartöffele (Rezept S. 79).

Ruine »Altsachsenheim« in Untermberg

Mutter mit Kindern auf dem Spazierweg an der Enz entlang

Rehkeule gefüllt

Von Manfred Gemrig, Landgasthof »Stromberg« in Ochsenbach

Die Füllung

125 g Rehleber (beim Metzger vorbestellen)	fein hacken.
2 Brötchen (vom Vortag)	in
250 ml Milch	einweichen, gut ausdrücken.
2 Zwiebeln (fein gehackt)	
2 EL Petersilie (gehackt)	
1 TL Wacholderbeeren (zerdrückt)	
½ TL Thymian	
1 Ei	
2 EL Butter (zerlassen)	
2 EL Rotwein (trocken)	
100 ml süße Sahne	dazugeben und gut mischen. Alle Zutaten zu einem geschmeidigen Teig verkneten.

Rote Traubenblätter sonnendurchflutet

Pappelallee bei Gündelbach

Die Zubereitung

1,2 kg Rehkeule	vom Metzger Ihres Vertrauens (pariert und den Knochen ausgelöst), mit
Salz, Pfeffer (aus der Mühle)	würzen. Die Füllung in die Tasche schieben und die Rehkeule mit einem Baumwollfaden zunähen.
75 g Butter	in einem Bratentopf erhitzen und die Rehkeule von allen Seiten gut anbraten.
500 ml Rotwein (trocken)	sowie
500 ml Bouillon	
¼ TL Ingwer (gemahlen)	zugeben und den Braten im geschlossenen Topf bei schwacher Hitze 1½ Stunden schmoren lassen. Den Braten herausnehmen und warm stellen.
125 ml süße Sahne	mit dem Bratenfond verrühren. Die Soße mit
1 EL Stärkemehl	binden. Nach Geschmack mit
Salz, Pfeffer	abschmecken und getrennt zum Braten reichen.

Dazu werden gerne Spätzle (Rezept S. 78) und Ackersalat oder Rotkohl und Salzkartoffeln gereicht. Dazu ein trockener Lemberger.

Mehrfach prämierter Landgasthof »Stromberg«

Ochsenbacher »Schlössle«

Meeresfrüchte-Eintopf – Seafood Chowder

200 g Shrimps (frisch oder TK)	auftauen lassen.
270 g Krabben (aus der Dose)	abtropfen lassen.
1 Staude Bleichsellerie	putzen, Stangen voneinander trennen. Waschen, trocken tupfen und in kleine Stücke schneiden.
2 Zwiebeln	schälen, in Würfel schneiden.
40 g Butter	in einem Topf erhitzen, darin Sellerie und Zwiebelwürfel andünsten.
300 g Kartoffeln (geschält, gewürfelt)	dazugeben.
500 ml Wasser	aufgießen, zum Kochen bringen. Sobald die Kartoffeln bissfest sind, Topf von der Herdplatte nehmen und
750 ml Milch	sowie Shrimps und Krabben dazugeben. Mit
Salz, Pfeffer	würzen.
100 g Reibekäse	hineinstreuen und verrühren, vorsichtig erhitzen, nicht mehr kochen.
3 EL Petersilie (gehackt)	darüber streuen.

128

Dazu wird gerne Stangenweißbrot gereicht.

Parkanlage in Overland Park

Overland Park, Partnerstadt in den USA

Lachsforelle im Backofen

600 g Lachsforelle (küchenfertig)	vorsichtig waschen und mit
Zitronensaft (frisch gepresst)	einreiben.
Olivenöl	auf einem Backblech verteilen, die Lachsforelle darauf legen, mit
Petersilie	
Korianderzweige (frisch)	und
5 Knoblauchzehen (grob geschnitten)	füllen. Mit
Kräutersalz	einreiben und
Pfeffer (schwarz)	frisch darüber mahlen.
4 Karotten (klein)	in Stifte schneiden und um die Lachsforelle legen. Dann 20 Minuten bei 200 °C bis zur gewünschten Bräune garen. Zum Schluss
500 ml Weißwein oder Rosé	sowie
250 ml süße Sahne	zugeben. Die Hitze auf 150 °C reduzieren, noch 5 Minuten ziehen lassen und die Soße abschmecken.

129

Dazu werden entweder kleine Kartoffeln gekocht und in Butter hellbraun angebraten oder Basmati-Reis und ein bunter Blattsalat (Rezept S. 33) gereicht.

Träumende Ente

Weinberge im Herbstkleid bei Hohenhaslach

Enz-Saiblingsfilet auf Grünkern-Risotto

Von Klaus-B. Schmidt, Hotel und Restaurant Otterbach in Bietigheim-Bissingen

2 Saiblinge (à 400 g, filetiert mit Haut)	Gräten ziehen.
150 g Grünkern	mit
1 EL Zwiebelwürfel	in etwas
Butter	anschwitzen.
250 ml Hühnerbouillon	und
100 ml Weißwein	auffüllen und etwa 30 Minuten köcheln lassen. Kurz bevor der Grünkern weich ist, je
1 EL Karotten-, Sellerie-, Lauchwürfel	zugeben und ganz zum Schluss
50 g geriebener Parmesan	unterheben. Die Saiblingsfilets in 8 Stücke schneiden, mit
Salz, Pfeffer	würzen, in einer beschichteten Pfanne auf der Hautseite kross braten, wenden und ziehen lassen. Das Grünkern-Risotto auf Tellern anrichten, Saibling aufsetzen und mit
Kräuter	ausgarnieren.

130

Eine Weinempfehlung von Weinexpertin Hilde Seitz: 2010 Grauburgunder »Fels«, trocken, fruchtig, füllig, tragend.

Belegschaft der Ölmühle in Illingen

Ölmühle

Historische Ölmühle in Illingen

Breite Lederriemen surren unter der Decke, schwere Mahlsteine rumpeln – im Produktionsraum der Historischen Ölmühle in Illingen fühlt man sich gut und gerne um hundert Jahre zurückversetzt. Nach fast 40-jährigem Dornröschenschlaf erwachte im Jahr 2002 dieses technische Kulturdenkmal zu neuem Leben und erfährt seitdem stetig wachsenden Zuspruch. Der besondere Reiz besteht darin, dass die Mühle quasi ein lebendiges Museum darstellt: Mit dem Originalinventar aus dem Jahr 1904 werden hier wie eh und je Speiseöle bester Qualität produziert.

Seit sechs Generationen widmet sich die Familie Krauth der Ölgewinnung, wobei die Herstellung von Walnussöl einen besonderen Stellenwert einnimmt. Zahlreiche Besitzer von Nussbäumen aus der gesamten Region und auch aus größerer Entfernung nutzen das nahezu einzigartige Angebot, aus den eigenen Nusskernen im traditionellen Kaltpressverfahren ein gleichermaßen delikates wie auch gesundes Öl produzieren zu lassen. Dank separater Verarbeitung der Kleinmengen ist garantiert, dass jeder das Öl aus den eigenen Nüssen erhält. Vor der Ölgewinnung müssen jedoch etliche Stunden Walnüsse geknackt und ausgepult werden. Der Qualität wegen werden ausschließlich schalenlose Kerne verarbeitet. Am Ende entschädigt aber die enorme Ausbeute von etwa acht Litern Nussöl aus zwölf Kilo Kernen für die mühsame Kleinarbeit.

Delikat und gesund sind die naturbelassenen Öle aus regionaler Herkunft wie vor allem Walnuss- oder Leinöl. In jüngerer Zeit feiert auch das schmackhafte Mohnöl aus heimischem Anbau, das wegen des möglichen Drogenmissbrauchs von Schlafmohn jahrzehntelang nicht erhältlich war, eine kleine Wiedergeburt. Hochwertiges Rapsöl, Kürbiskernöl und Olivenöl aus kontrolliert biologischem Anbau eignen sich hervorragend als Zutat für verschiedene Rezepte in diesem Kochbuch.

Große Resonanz erfahren Besuchergruppen, die neben der Besichtigung der historischen Mühle alles rund um kaltgepresste Öle und gesundheitsbewusste Ernährung erfahren wollen.

Die historischen Ölpressen sind noch im Einsatz.

Schleien mit Senfsoße

4 Schleien (küchenfertig)	unter fließendem, kaltem Wasser abspülen, trocken tupfen, den schwarzen Streifen am Rückgrat herausschälen.
250 ml Weißwein (trocken)	mit
125 ml Wasser	
1 Lorbeerblatt	
1 Msp. Thymian	
1 TL Salz	sowie
10 Pfefferkörner	zum Kochen bringen, die Fische hineingeben, ungefähr 20 Minuten gar ziehen lassen. Danach Flossen und Kiemen herausziehen, die Fische auf eine vorgewärmte Platte geben und im vorgeheizten Backofen warm halten.

Die Senfsoße

125 ml Fischbrühe	durch ein Sieb gießen und zum Kochen bringen.
1 EL Weizenmehl	mit
125 g saure Sahne	anrühren, unter die Fischbrühe rühren, 5 Minuten köcheln lassen.
1 Eigelb	mit
2 EL süße Sahne	und
2 EL Senf (mittelscharf)	verrühren, in die Soße geben. Mit
40 g Butter	
Pfeffer (weiß, frisch gemahlen)	sowie
1 Prise Zucker	abschmecken, die Soße über die Schleien geben, dann
Petersilie (gehackt)	darüber streuen und mit
Zitronenscheiben	garnieren.

132

Dazu werden gerne Salzkartoffeln gereicht.

*Blick aus den Weinbergen
in Richtung Horrheim und Umgebung*

Schollenfilets mit Shrimps

12 Schollenfilets	unter fließendem, kaltem Wasser spülen, abtupfen, mit
Salz, Pfeffer (frisch gemahlen)	würzen und mit
3 EL Weizenmehl	bestäuben.
125 ml Sonnenblumenöl	in einer beschichteten Pfanne erhitzen, die Filets darin 10 bis 15 Minuten braten, warm stellen.
4 Scheiben Toastbrot	in Würfel schneiden.
1 Bund Petersilie	abspülen, trocken tupfen, waschen, klein hacken.
150 g Butter	in einer zweiten Pfanne zerlassen, die Toastbrotwürfel darin bräunen, Petersilie und
200 g Shrimps	unterrühren, mit
Salz, Pfeffer	abschmecken und zum Schluss über die Schollenfilets geben.

133

Tag der Offenen Tür im Bootshaus, Kanuclub Bietigheim

Heringsdose nach 1900, Sammlung Gerda Ott, Stuttgart

Zanderfilet auf geraspelten Kartoffeln

500 g Kartoffeln	schälen, grob raspeln und mit
Salz, Pfeffer	würzen.
2 EL Butterschmalz	zerlassen und die Kartoffelmasse in der Größe der Fischstücke in die Pfanne geben.
4 Zanderfilets	darauf legen und die Masse an den Seiten an den Fisch andrücken. Zugedeckt 20 Minuten garen.
2 EL Zitronensaft	mit
1 EL Olivenöl	sowie
2 EL Petersilie (gehackt)	verrühren und den Fisch vor dem Servieren damit bestreichen.

134

Henne und Hahn auf dem Fensterbrett

Ortskern mit Kirche, Häfnerhaslach

Die Kartoffel wächst unterirdisch – schmeckt überirdisch

Von Christiane Munz

Die Kartoffel – Solanum tuberosum – gehört zu den Nachtschattengewächsen. Sie wurde Mitte des 16. Jahrhunderts nach Europa gebracht. Auf den Tisch kamen die ersten Kartoffeln in Deutschland aufgrund einer Anordnung von Friedrich dem Großen in Preußen, um der grassierenden Hungersnot Herr zu werden. Heutzutage zählt die Kartoffel zu den beliebtesten Grundnahrungsmitteln. Es haben sich rund um die Knolle allerlei Gerichte gefunden, ob salzig oder süß, ob als Vorspeise, Hauptgericht oder sogar als Nachspeise. Man unterscheidet zwischen festkochenden, vorwiegend festkochenden und mehlig kochenden Kartoffeln. Festkochende Kartoffeln eignen sich hervorragend zu Kartoffelsalat, Bratkartoffeln, Salzkartoffeln und Pellkartoffeln. Dagegen verwendet man zu Knödeln, Kartoffelbrei und zu einer cremigen Kartoffelsuppe mehlig kochende Kartoffeln. Inzwischen sind »Allroundkartoffeln« weit verbreitet. Wichtig ist, darauf zu achten, dass man sie nach dem Kauf kühl und dunkel lagert. Im Winter sollten die Knollen nicht zu kalt aufbewahrt werden, da die Kartoffel bei unter 4 Grad Celsius beginnt, aus Stärke Zucker herzustellen und sie dann süß schmeckt.

135

Blick über die Felder bei Häfnerhaslach

Wahrzeichen – Baum zwischen Freudental und Hohenhaslach

Fischtopf

600 g verschiedene Fischsorten	in Stücke schneiden, mit
Zitronensaft	einreiben und mit
Salz (Kräutersalz, Meersalz)	
Pfeffer	bestreuen.
Butter oder Olivenöl	in einer großen Pfanne erhitzen.
2 kleine Zwiebeln	sowie
2 Knoblauchzehen	würfeln, goldbraun anbraten und dann die Fischstücke kurz mitbraten. Mit
300 ml Weiß-, Roséwein oder Sekt	und
200 ml süße Sahne	ablöschen, einige Minuten ziehen lassen und
2 EL Petersilie (fein gehackt)	darüber geben.

136

Verschiedene Fischsorten – zum Beispiel 200 g Lachs, 200 g Steinbeißer und 200 g Wels. Dazu werden Nudeln oder Basmati-Reis und Salat serviert.

Wildwasserbahn Tripsdrill eingebettet in die Umgebung

Blumenschmuck am Gallhaus Metterzimmern

Forelle mit Mandeln

4 Forellen (küchenfertig)	unter fließendem, kaltem Wasser abspülen und trocken tupfen. Mit
2 EL Zitronensaft	beträufeln, 15 Minuten stehen lassen, wieder trocken tupfen. Die Forellen nun innen und außen mit
Salz, Pfeffer	bestreuen, dann in
20 g Weizenmehl	wenden.
50 g Butter	in einer Pfanne erhitzen und die Forellen von beiden Seiten darin braten.
100 g Mandeln (abgezogen, gehobelt)	kurz vor Ende der Bratzeit zu den Forellen geben und mitbräunen lassen.

Dazu werden gerne Petersilien-Kartoffeln gereicht.

137

Hausrat aus vergangenen Zeiten

*Eine küchenfertige Forelle,
mit Zitrone und Petersilie gefüllt*

Thunfischsteaks mit Erbsenschoten

4 Thunfischsteaks (à 180 – 200 g)	waschen, mit
Zitronensaft	beträufeln und mit
Salz, Pfeffer	würzen. In einer Grillpfanne
50 g Butter oder Olivenöl	erhitzen und die Steaks kurz von beiden Seiten scharf anbraten, dann in Alufolie einwickeln.
200 g Erbsenschoten	waschen und in wenig Wasser kurz blanchieren oder in einer Pfanne mit etwas
Butter	dämpfen.

Die Soße

1 Zwiebel	fein schneiden.
2 Knoblauchzehen	halbieren, mit der Zwiebel in die Grillpfanne geben, goldbraun rösten und mit
125 ml Roséwein (trocken)	ablöschen.
3 EL Sherry (dry oder medium)	sowie
125 ml süße Sahne	dazugeben, verrühren. Zum Schluss die Thunfischsteaks kurz in der Soße ziehen lassen und mit
Salz, Pfeffer (schwarz, frisch gemahlen)	abschmecken. Die Thunfischsteaks auf die vorgewärmten Teller legen, Soße darüber gießen und zusammen mit den Erbsenschoten auf den Tellern anrichten.

Dazu passt sehr gut Wildreis.

Die Ruine des Ganerbenturms in Bönnigheim aus dem 13. Jahrhundert, nach der Zerstörung im Bauernkrieg erfolgte der Wiederaufbau im 17. Jahrhundert.

Bönnigheim – ein historisches Weinstädtchen

... idyllisch zwischen Neckar und den Ausläufern des Stromberges gelegen. Natur und Landschaft, Weinbau, Geschichte und Kultur prägen die Atmosphäre. Vom Michaelsberg aus ist die unverwechselbare Silhouette mit dem Köllesturm, dem Burgturm und der Cyriakuskirche zu sehen. Das reizvolle mittelalterliche Erscheinungsbild und die Gastronomie laden zum Schauen und Verweilen ein. Denn es gibt viel Sehenswertes in Bönnigheim zu entdecken. Der imposante Köllesturm weist den Weg in die Innenstadt.

Bönnigheim wurde bereits 793 erstmals urkundlich erwähnt. Seit dem 14. Jahrhundert bildete Bönnigheim ein Ganerbiat, war gemeinsames Erbe von vier Adelsfamilien, den Herren von Sachsenheim, Neipperg, Liebenstein und Gemmingen. Ihre Wappen zeigt der am Marktplatz stehende Ganerbenbrunnen. Eines der beherrschenden Bauwerke in der Innenstadt ist die Cyriakuskirche. Der älteste Teil der heutigen Kirche ist der 1280 erbaute Turm. Höchst interessant ist ein Tafelbild aus dem Jahr 1508 mit dem Abbild der Barbara Schmotzerin, die 53 Kinder zur Welt gebracht haben soll, darunter viele Mehrlingsgeburten. In der medizinischen Fachliteratur galt die Schmotzerin als die kinderreichste Frau der Welt. Im ältesten Gebäude der Stadt, dem Steinhaus, befindet sich ein Museum der besonderen Art: das Schwäbische Schnapsmuseum. Dem Besucher wird hier die Geschichte des schwäbischen Schnapsbrennens auf hochgeistige Weise gezeigt und schmackhaft gemacht. Eine weitere Besonderheit ist das Museum »Arzney Küche«. Da zu Zeiten der Alchimisten aus Gründen der Feuersicherheit ein Apothekerlabor nicht im Hause sein durfte, wurde im Garten der Apotheke ein solches erbaut. Das 1756 erbaute Stadionsche Schloss ist Mittelpunkt und Prunkstück der Bönnigheimer Altstadt. Die Frau des Verwalters, Sophie La Roche, schrieb hier Literaturgeschichte mit der »Geschichte des Fräuleins von Sternheim«, dem ersten in Deutschland von einer Frau veröffentlichten Roman. Ungewöhnlich ist die Nutzung, die das barocke Schloss seit Herbst 1996 gefunden hat. Es beherbergt in seinen Mauern das Museum Charlotte Zander eine Sammlung von Naiver Kunst und Art Brut, nicht irgendeine Sammlung sondern die größte weltweit, einmalig in ihrer Art. Bönnigheim ist stolz auf seine lange Weinbaugeschichte. Bereits vor über 1200 Jahren wurde der Weinbau urkundlich erwähnt. Entsprechend groß ist die Weinbautradition der privaten Weingüter mit der im Jahr 1919 als Weingärtnergenossenschaft gegründeten Strombergkellerei.

Das einzigartige Schnapsmuseum in Bönnigheim bietet die größte Sammlung zur Alkoholgeschichte.

Strombergkellerei und Vinothek in Bönnigheim

Der Weinbau in Bönnigheim hat eine langjährige Tradition. Die erstmalige Erwähnung von Weinbau in Bönnigheim im Lorscher Codex ist aus dem Jahr 793. Die Weinberge der Strombergkellerei befinden sich an den Hängen der Strombergausläufer und sind nach Süden, Südwesten und Südosten ausgerichtet bei leichter bis steiler Hangneigung und Terrassenlagen. In Bönnigheim sind an den östlichen Ausläufern des waldreichen Stromberggebietes auf kräftigen, tiefgründigen Keuperböden in steilen Südhanglagen Lemberger-, Riesling-, Spätburgunder- und Schwarzriesling-Reben angepflanzt.

Müller-Thurgau und Kerner gedeihen sehr gut auf den unteren Böden der Steillagen. Die kräftigen, schweren Keuperböden geben den Weinen Fülle, Kraft und Ausdruck. In Hohenhaslach sind in windgeschützten, sonnigen Südhanglagen des Strombergs hauptsächlich Trollinger- und Lemberger-Reben angepflanzt. Hohenhaslach ist durch diese hochwertigen, spätreifen Rotwein-Sorten sehr bekannt. Viel Fleiß und Idealismus gehören zur Handbearbeitung der Weinberge. Auffallend ist die große Sortenvielfalt, bedingt durch die unterschiedlichen Lagen. Muschelkalkböden geben vor allem dem Trollinger seinen frischen, saftigen Charakter. Lemberger, auf Keuperböden angebaut, ist rassig, kräftig und warm. Die Rotweine werden halbtrocken oder trocken abgefüllt, die Weißweine zum Teil auch lieblich. Der Ausbau erfolgt hauptsächlich in Edelstahlbehältern und bei besonderen Spezialitäten in Holz- und Barrique-Fässern. Es wird bei den Rotweinen besonderer Wert auf den biologischen Säureabbau gelegt und mit größter Sorgfalt auf Geschmacksharmonie und Bekömmlichkeit geachtet. In fast allen Qualitätsstufen werden auch trockene Weine angeboten.

In Bönnigheim im ehemaligen Gefängnis für Waldfrevler und Wilddiebe des Königlich Württembergischen Oberforstamtes entstand 1999 die älteste Vinothek in der Region Stuttgart. Die ehrenamtlich tätigen Freunde der Vinothek haben sich zum Ziel gesetzt, für den regionalen Weinbau und Weinausbau als wichtiges Kulturgut einzutreten. Bei stilvollen Weinproben aller Art werden den Weinfreunden die Vorzüge unserer heimischen Tropfen nähergebracht. Mit dem »Wein der Woche« und dem »Schnaps des Monats« werden jeweils bestimmte Erzeugnisse besonders herausgestellt, was ebenso wie das monatliche »Weinkolleg« auf breites Interesse auch der regionalen Presse stößt.

Jubiläum der Vinothek in Bönnigheim

Kräutersoße

50 g Butter	im Topf erhitzen.
1 Zwiebel (fein gewürfelt)	darin leicht bräunen und
20 g Weizenvollkornmehl (fein)	unter Rühren hinzufügen. Den Ansatz mit
½ Gemüsebrühwürfel	in
250 ml Wasser	auflösen und ablöschen.
½ TL Kräutersalz	sowie
4 EL Kräuter der Provence	dazugeben und bei mittlerer Hitze etwa 5 Minuten kochen lassen. 4 Esslöffel der warmen Soße mit
4 EL saure Sahne	in einer Tasse verquirlen und danach zur übrigen Soße geben. Zum Schluss mit
125 ml Weißwein (trocken)	abschmecken, nochmals kurz aufkochen lassen und warm servieren.

Die Kräutersoße wird gerne zu gedämpftem Fisch serviert.

141

Senfsoße – kalt oder warm

3 EL Senf (mittelscharf)	mit
2 EL Feuersenf	
1 Eigelb	und
1 Prise Kräutersalz	verrühren.
2 Schalotten	fein schneiden und mit
2 EL Olivenöl	sowie
100 ml süße Sahne	hinzufügen, verrühren.
2 EL Schnittlauch	darüber geben.

Kann als Salatdressing oder gewärmt zu Fisch und Fleisch serviert werden.

Museum Charlotte Zander in Bönnigheim

Rhabarber-Chutney

500 g Rhabarber	und
150 g Schalotten	schälen, würfeln.
1 Apfel	waschen, schälen, Kernhaus entfernen und würfeln.
3 Limetten	auspressen, den Saft mit dem Rhabarber, Zwiebeln und Apfelstücken in einen Topf geben.
3 Knoblauchzehen	sowie
30 g Ingwer	schälen und fein hacken.
100 g Aprikosen (getrocknet)	in feine Streifen schneiden. Alle Zutaten mit
1 EL Senfkörner (gemörsert)	
200 g Gelierzucker (1:3)	und
1 TL Salz	mischen, 30 Minuten ziehen lassen. Dann aufkochen und zugedeckt bei mittlerer Hitze 10 Minuten kochen, gelegentlich umrühren. Vorbereitete Gläser zügig mit dem Chutney füllen, sofort verschließen, kühl stellen, einige Tage durchziehen lassen.

Hält ungefähr sechs Monate und passt gut zu kurzgebratenem oder gegrilltem Fleisch.

Kaiserkrone, lat. Fritillaria imperialis

Stadt-Apotheke in Bönnigheim

Cocktailsoße

1 Eigelb	schaumig rühren, unter ständigem Rühren kleine Mengen
200 ml Sonnenblumenöl	in kleinen Mengen und immer ein wenig Saft von
1 Zitrone	nach und nach hinzufügen.
Pfeffer (aus der Mühle)	und wenig
Salz	dazugeben. Wenn die Mayonnaise sämig ist,
2 EL Ketchup	und
1 – 2 EL Cognac	untermischen. Nach Belieben
2 EL Schmand	zugeben und kalt stellen.
Petersilie, Schnittlauch oder Basilikum	sowie
1 Knoblauchzehe	fein schneiden und vor dem Servieren untermischen.

Um eine Mayonnaise herzustellen, braucht man beim Rühren etwas Geduld. Die Cocktailsoße dient als Salatdressing, als Fondue-Soße und ist besonders lecker für einen Shrimps-Cocktail.

Zigeunersoße

4 Zwiebeln (fein gehackt)	in
4 EL Sonnenblumenöl	glasig dünsten, mit
125 ml Gemüsebrühe	ablöschen.
4 EL Tomatenmark	sowie
1 EL Senf	
1½ TL Paprika	
½ TL Kräutersalz	und
1 Prise Pfeffer	dazugeben. Zum Schluss
3 EL saure Sahne	unterrühren. Mit
2 EL Schnittlauch (gehackt)	abschmecken und die Soße warm servieren.

Die Zigeunersoße passt gut zu Fleisch-Fondue.

Ganerbenbrunnen Bönnigheim

Apfelküchle mit Vanillesoße

500 g Mehl, 350 ml Bier	mit
1 Prise Salz	sowie
2 EL Öl, 30 g Zucker	verrühren.
4 Eiweiß	steif schlagen und vorsichtig unterheben.
4 Äpfel	schälen, Kerngehäuse entfernen, in etwa 1 cm dicke Scheiben schneiden. Die Scheiben im Bierteig wenden und in ausreichend
Öl	goldbraun ausbacken.
3 EL Zucker	mit
1 EL Zimt	mischen, darin die gebackenen Apfelküchle wenden.

Die Vanillesoße

500 ml Milch	mit dem Mark von
1 Vanilleschote	erwärmen.
125 g Zucker	mit
30 g Stärkemehl	mischen, zur Milch geben, unter ständigem Rühren zum Kochen bringen, Topf vom Herd nehmen.
3 Eigelb	mit
125 ml süße Sahne	verrühren und langsam unter die Vanillemilch rühren.

Die Vanillesoße kann über die Apfelküchle gegossen oder aber auch gesondert serviert werden.

144

Sind die Äpfel schon reif?

Apfel-Stillleben, Aquarellmalerei von Marianne Schleicher

Waffel-Grundrezept (für 6 Waffeln)

200 g Mehl	sowie
2 TL Backpulver	
1 TL Salz	in eine Schüssel sieben, dann
2 TL Zucker	einrühren.
2 Eigelb	sowie
250 ml Milch	
100 g Butter (geschmolzen)	in eine andere Schüssel geben und gut vermischen, dann zu den trockenen Zutaten gießen und gut verrühren.
2 Eiweiß	in einer Schüssel steif schlagen und unter den Teig heben. Das Waffeleisen erhitzen, in jeden Abschnitt des Waffeleisens etwa 3 TL Teig geben. Das Eisen schließen und die Waffeln backen, bis sie aufgegangen und goldbraun sind.

Diese Waffeln können warm mit Apfelmus oder sonstigem Fruchtkompott gegessen werden oder man gibt geschlagene Sahne zwischen zwei Waffeln und dekoriert mit frischen Früchten und Puderzucker.

145

Altes Waffeleisen mit Waffeln und Kirschenkompott

Altes Waffeleisen mit Rezeptangabe für Rahmwaffeln: 1 Pf Mehl, 7 Eier, 1 Schoppen sauren Rahm, 1 Esslöffel Zucker, ½ Teelöffel voll Salz

Kleine Apfeltartes mit Rumsahne

400 g TK-Blätterteig	mit etwas
Mehl	auf der Arbeitsfläche dünn ausrollen, mit einem Topfdeckel 15 bis 17 cm Durchmesser markieren und dann mit einem Messer die Teigkreise ausschneiden, auf ein Blech mit Backfolie legen.
3 EL Puderzucker	mit
4 EL Mandeln (gemahlen)	zu einer Marzipanmasse vermischen und auf den Teigkreisen verteilen.
4 Äpfel	schälen, vierteln und entkernen, in dünne Scheiben schneiden und fächerförmig auf den Teigböden verteilen. Im vorgeheizten Backofen bei 220 °C etwa 15 bis 20 Minuten backen.
200 ml süße Sahne	halbsteif schlagen.
1 Pck. Vanillezucker	sowie
4 EL Rum	nach und nach hinzufügen. Dann die Tartes herausnehmen, mit
1 – 2 EL Aprikosen- oder Quittengelee (erhitzt)	glasieren.
1 – 2 EL Puderzucker	darüber streuen und mit Rumsahne servieren.

146

Nach Belieben kann auch etwas Wasser zur Marzipanmasse zugegeben werden, damit die Masse streichfähig wird, so lässt sie sich besser mit einem Pinsel auftragen.

Eingang zum Erlebnispark Tripsdrill

Tripsdrill – mitten im Naturpark Stromberg-Heuchelberg

Am Fuße des sagenumwobenen Michaelsberges liegt der Ort Treffendrill. Es existiert eine Sage, nach der ein römischer Hauptmann Thepho seiner Frau Truilla eine Villa gebaut und sie Trephonis Truilla genannt haben soll. Bereits im 17. Jahrhundert verbreitete sich die Sage einer Mühle, in der Frauen wieder jung gemahlen wurden. Um 1880 ist bezeugt, dass Fremde immer wieder nach der Altweibermühle oder der Pelzmühle gefragt haben. Pelz ist ein anderes Wort für Haut. Die Pelzmühle ist also eine Mühle, in der man den Pelz mahlen und damit Runzeln und Falten glätten kann.

1903 schreibt ein Chronist: »Als die Fremden, die auf den Michaelsberg kamen, immer nach der Pelzmühle fragten, wurde das Waschhaus zur Pelzmühle«.

Statt des Mühlbaches klappernder Räder hörte man das Plappern der plätschernden Weiber. Eine Altweibermühle war also doch da. Heute ist auch das Waschhaus vom Erdboden verschwunden.

Aber man findet wieder die »Altweibermühle«. Sie wurde als Ausflugsziel von der Familie Fischer erbaut. Tripsdrill, im Volksmund liebevoll »die Trulla« genannt, ist nachweislich Deutschlands erster Erlebnispark. 1924 wurde mit einer Gaststätte und Gartenlaube begonnen. 1929 wurde die erste Altweibermühle errichtet, um die Wanderer und Ausflügler anzulocken. 1946 wurde die Mühle durch einen Blitzschlag zerstört, doch Kurt Fischer baute das Wahrzeichen von Tripsdrill wieder auf. Im Jahre 1950 wurde die heutige Altweibermühle vom schwäbischen Heimatdichter August Lämmle eingeweiht. Die gastliche Stätte sorgte mit dem Mühlenturm und der Rutschbahn sowie der großen Tanzfläche davor für Belustigung, Freizeitspaß und gute Laune. Es war für die Kinder immer ein Riesentrara, wenn es sonntags zur »Trulla« ging. Das mitgebrachte Vesper mundete dann nach mehreren Rutschpartien noch besser und mancher weinselige Erwachsene wollte seine Kräfte sogar mit den Windflügeln der Mühle messen.

1957 folgte der Tierpark »Wildparadies Stromberg«. Nur zehn Gehminuten vom Freizeitpark entfernt liegt das Wildparadies Tripsdrill mit Wald-Erlebnispfad, Barfuß-Pfad, Abenteuerspielplatz. Braunbären teilen sich gemeinsam mit arktischen Wölfen ein Gehege. Diese seltene Gemeinschaftshaltung ist ideal für beide Tierarten und wirkt sich sogar positiv auf das Instinktverhalten der Bären aus.

1960 entstand dann mit den ersten Fahrattraktionen der Erlebnispark Tripsdrill. Inzwischen verfügt er über zahlreiche originale Attraktionen, geschichtsbezogene und brauchtumsorientierte Bereiche, rasante Fahrgeschäfte, zum Beispiel Waschzuber-Rafting, die Holzachterbahn Mammut, Gugelhupf-Gaudi-Tour und vieles mehr. Das Vinarium erinnert an die Weinbaugeschichte der Umgebung. Ein Jungbrunnen ist das Vergnügen im Freizeitpark Tripsdrill allemal – viel Spaß bei der Verjüngungskur.

Himbeersoufflé

6 Soufflé-Förmchen (à 120 ml)	mit
25 g Butter (zerlassen, abgekühlt)	auspinseln. Mit
2 EL Puderzucker	bestreuen.
25 ml Milch	mit
1 Vanilleschote (längs halbiert)	aufkochen, Schote auskratzen und das Mark in die Milch zurückgeben.
50 g weiche Butter	mit
50 g Mehl	verkneten und diesen Teig nach und nach in die kochende Milch rühren.
5 Eiweiß, 4 Eigelb	zunächst 1 Eiweiß aufschlagen und über die noch heiße Masse heben. Etwas abkühlen lassen und Eigelb nach und nach unterschlagen. Das restliche Eiweiß mit
70 g Zucker	zu einem festen Schnee schlagen, ein Viertel davon unter die Eimasse heben und den Rest vorsichtig mit einem Kochlöffel
150 g Himbeeren	unterziehen. Dann die Masse in die Förmchen füllen, jedoch nicht ganz bis zum Rand, da die Soufflés noch im Ofen aufgehen. Den Ofen auf 200 °C vorheizen, ein 80 °C warmes Wasserbad für die Förmchen vorbereiten, 25 Minuten backen und warm mit Vanille- oder Himbeereis servieren. Mit frischen Himbeeren und
Pfefferminzblättchen	dekorieren.

148

Himbeeren, lat. Rubus idaeus, mit Pfefferminze

Dampfnudeln in Lavendelmilch gebacken mit Frischkäse-Heidelbeerfüllung

Von Benjamin Maerz, Hotel und Restaurant »Rose« in Bietigheim-Bissingen

Der Dampfnudelteig

200 g Mehl, ½ TL Salz

30 g brauner Zucker

10 g Hefe

1 Zitrone (abgerieben)

20 g Butter, 100 ml Milch

1 Ei, 1 EL Rum   alle zimmerwarmen Zutaten mischen und zu einem glatten Teig kneten. Bei Zimmertemperatur 1½ Stunden zugedeckt gehen lassen.

Die Lavendelmilch

100 ml Milch   mit

2 EL brauner Zucker

20 g Butter   sowie

1 TL Lavendelblüten
(getrocknet)   aufkochen und 10 Minuten ziehen lassen. Durch ein sehr feines Sieb, am besten mit Passiertuch, abseihen.

Die Füllung

50 g Frischkäse   mit

30 g Heidelbeeren

1 Prise Lavendel
(fein zermörsert)   mischen. Den Teig in 4 gleichgroße Stücke teilen. In der Handfläche flachdrücken und einen Teil der Füllung hineindrücken. Zu einer runden Kugel formen und in 4 feuerfeste, ausgebutterte Gläser legen. Mit der Lavendelmilch übergießen und bei 180 °C etwa 20 Minuten backen.

Karikatur Vincent Klink von Bastian Tröger

149

Sekt-Süppchen

400 ml Rieslingsekt (trocken)	mit
2 – 3 EL brauner Zucker	kurz aufkochen und 3 Minuten einkochen lassen. Den Saft und die abgeriebene Schale von
½ Zitrone	zugeben und mit
2 – 3 EL Speisestärke	auf gewünschte, leicht cremige Konsistenz abbinden, 3 Stunden kalt stellen.
200 – 300 g Heidelbeeren	putzen.
20 ml Kroatzbeeren-Likör	darüber geben und ziehen lassen.
1 TK-Zitronensorbet	aus dem Gefrierschrank nehmen, kurz antauen lassen. Das Süppchen in tiefe Teller geben, die marinierten Beeren darauf verteilen. Aus dem Zitronensorbet Nocken abstechen und auf die Beeren geben. Mit
Puderzucker	und
Zitronenmelisse-Blättchen	dekorieren.

150

Dies ist ein wunderbar erfrischendes Dessert. Anstelle der Heidelbeeren können auch Himbeeren verwendet werden.

Gasthaus-Schild Ratsstüble

Altes Arbeitsgerät, neu erblüht

Crêpes Flambées (für 6 Personen)

250 g Mehl	mit
500 ml Milch	
1 Prise Salz	
1 EL Vanillezucker	sowie
4 Eier	glatt rühren.
50 g Butter	in der Pfanne erhitzen und nur so viel Teig hineingeben, dass der Boden der Pfanne dünn bedeckt ist. Crêpe nach 1½ Minuten wenden und nochmals 1 Minute backen.
300 ml süße Sahne (geschlagen)	mit
6 EL Himbeersoße oder Marmelade	vermischen, die Crêpes damit bestreichen, zusammenklappen und zum Schluss mit
6 EL Cognac, Grand Marnier oder Cointreau	flambieren.

Mit frischen Himbeeren und einem Pfefferminzblättchen dekorieren.

151

Ein stolzer Hahn inmitten von Hennen

Rathaus von Sucy en Brie, der Partnerstadt in Frankreich

Freudental an der Württembergischen Weinstraße

Wilhelmine von Würben »die Grävenitz«, die Mätresse des Herzogs Eberhard Ludwig, ließ durch Paolo Retti, einen Architekten des Ludwigsburger Schlosses, im reichsritterschaftlichen Gütlein Freudental ein schlichtes Schloss errichten. Die Dame hatte, im Gegensatz zur landläufigen württembergischen Meinung, nicht nur schlechte Taten im Sinn: Auf ihrem Territorium durfte sich eine jüdische Gemeinde ansiedeln, was ansonsten in Württemberg bis in das 19. Jahrhundert verboten war. An diese verlorene Kultur erinnert das Pädagogisch Kulturelle Zentrum in der ehemaligen Synagoge des Ortes mit einem vielseitigen Programm von Vorträgen, Ausstellungen und Konzerten. Es ist die einzige noch erhaltene Synagoge im Landkreis Ludwigsburg. Auf dem Weg zum alten jüdischen Friedhof steht ein Grabstein für die Schimmelstute Helene, das treue Pferd von König Friedrich, das im Mai 1812 mit 27 Jahren verstarb.

Erligheim –
zwischen Bietigheim-Bissingen und Bönnigheim

... ein vorwiegend landwirtschaftlich geprägter Ort, in dem Weinbau und Obstbau eine große Rolle spielen. Überregional bekannt ist die Erligheimer Kirschblüte. Etwa 1200 Kirschbäume locken dann die Besucher in Scharen an und das Kirschblütenfest tut sein Übriges. Wie Schnee leuchten die blühenden Kirschbäume aus dem Grün der Wiesen. Tausende von Bienen, Hummeln und anderen Insekten umschwirren die Blüten. Die Luft ist süß vom Duft der Kirschblüte und wenn noch zusätzlich die Sonne scheint, meint man, den Süden zu schmecken. Zurecht wirbt Baden-Württemberg mit dem Slogan: »Schmeck den Süden – genießen Sie die Köstlichkeiten unserer Region«. Frisch vom Baum gepflückt ist die Kirsche eine der besten Früchte unserer Region. Kirschenkuren wirken blutreinigend, harntreibend und abführend. Beliebt sind Kirschensaft, Sirup und die Kirschmarmelade. Zur Erntezeit stehen in vielen Küchen die Kirschpfannkuchen und der Kirschenplotzer wie zu Großmutters Zeiten auf dem Speiseplan. In Gläsern eingemachte Kirschen sind eine beliebte Zutat für Nachtisch und vor allem für Torten und Kuchen. Nach einem opulenten Essen oder deftigem Vesper darf als krönender Abschluss ein Kirschwässerle aus einer der heimischen Obstbrennereien nicht fehlen.

Schloss Freudental, erbaut 1729 von Paolo Retti

Kirschenmichel

6 Brötchen (vom Vortag)	in dünne Scheiben schneiden und in
500 ml Milch (warm)	einweichen.
75 g Butter	nacheinander zu einer schaumigen Masse rühren.
75 g Zucker	sowie
4 Eigelb	
2 EL Kirschwasser	dazugeben. Die eingeweichten Brötchen mit Milch und Creme verrühren.
750 g Kirschen	unterheben.
4 Eiweiß	steif schlagen, mit
1 TL Zimt	
1 Prise Salz	würzen und vorsichtig unter die Masse rühren. Eine Auflaufform buttern und mit
Paniermehl	bestreuen. Die Masse einfüllen und mit
50 g Butterflöckchen	versehen. 50 bis 60 Minuten im vorgeheizten Backofen bei 200 °C goldbraun backen. Noch warm servieren.

153

Verwenden Sie nach Belieben Kirschen süß, sauer oder gemischt.

Kirschbäume im herbstlichen Kleid

Herzkirschen, lat. Prunus avium

Charlotte Maracuja (für 10 Personen)

Von Ursel Rösch aus Bietigheim-Bissingen

5 Eigelb	und
250 ml Maracuja-Sirup	mit dem Rührgerät schaumig schlagen.
7 Blatt Gelatine	in Wasser auflösen, ausdrücken und mit dem Saft von
1 Zitrone	leicht erwärmen, dann unter die Masse rühren.
500 ml süße Sahne	und
5 Eiweiß	getrennt steif schlagen und vorsichtig unter die Masse heben. Die Masse in einen Tortenring füllen und über Nacht im Kühlschrank abkühlen lassen.
1 Pck. Löffelbiskuits	auf der einen Seite mit etwas Sirup bestreichen und diese um die Creme stellen. Mit
Kiwi- oder Mangoscheiben	servieren.

Anstelle von Löffelbiskuits können Sie auch Buttergebäck mit Mandelblättchen verwenden.

Charlotte Maracuja

Crème brûlée

1 Vanilleschote	flach aufschneiden und ausschaben. Mit
300 ml süße Sahne	
225 ml Milch	sowie
70 g Zucker	vermischen.
3 Eigelb	zugeben und kurz mit dem Mixer schlagen. Dann die Mischung 2 bis 3 Stunden (oder über Nacht) im Kühlschrank stehen lassen. Bevor man die Eier-Sahne Mischung in die Förmchen gießt, nochmals kurz aufschlagen und diese in ein mit Wasser gefülltes Backblech stellen, so dass sie zur Hälfte unter Wasser stehen. Den Backofen auf 150 °C Umluft vorheizen. Dann die Crème 40 bis 45 Minuten – bis sie kleine Blasen wirft und fast fest ist – im Backofen lassen. Die Crème erkalten lassen und kurz vor dem Servieren
30 g brauner Rohrzucker	darüber streuen und mit dem Bunsenbrenner (oder im Backofengrill) die Zuckerschicht karamellisieren.

Dazu werden Früchte der Saison serviert.

155

Sauerkirschen-Sorbet

100 g Zucker	mit
200 ml Wasser	kurz aufkochen und erkalten lassen.
250 g Sauerkirschen (entsteint)	im Mixer pürieren.
10 ml Limettensaft	und
10 ml Kirschwasser	dazugeben und mit dem Zuckersirup vermischen, danach in der Eismaschine frieren. Dann das Sorbet mit einem Löffel in hohe Stielgläser füllen, mit
20 ml Sekt (rot)	beträufeln. Mit
4 Kirschen (mit Stiel)	und mit
Melisseblättchen	garnieren.

Es empfiehlt sich, die Gläser im Gefrierschrank vorzukühlen.

Festlich geschmückte Hochzeitskutsche

Nougatparfait mit Kumquats

150 g Zucker	mit
1 Pck. Vanillezucker	
80 ml Wasser	erwärmen und eine Zuckerlösung herstellen.
3 Eigelb	mit
1 EL Rum	in einer Schüssel zu einer weißen Creme schlagen.
100 g Nougat	in etwas von
400 ml süße Sahne	schmelzen. Die übrige Sahne schlagen und unterziehen. In einer Kastenform über Nacht einfrieren. Vor dem Servieren die Form kurz in heißes Wasser tauchen, in Scheiben auf die Teller legen.
8 Kumquats	in Scheibchen schneiden und in
4 EL Orangensaft	zusammen mit
2 EL brauner Zucker	karamellisieren. Danach die Scheibchen um das Parfait legen und
4 EL Rum, Eierlikör oder Schokoladensoße	über das Parfait geben.

Kumquats werden auch als Zwergorangen oder Zwergpomeranzen bezeichnet. Die Früchte sind pflaumenförmig mit gelb-orangefarbener Schale. Anstelle von Nougat können Sie auch weiße Schokolade, gemahlene Pistazien oder passierte Früchte verwenden.

Buntes Obst für Genießer

Erdbeer-Rosette auf Rhabarberschaum

Von Klaus-B. Schmidt, Hotel und Restaurant Otterbach in Bietigheim-Bissingen

250 g Rhabarber	schälen, in 3 cm lange Würfel schneiden, mit
100 g Zucker	bissfest garen (Topf mit Deckel im Backofen bei 150 °C etwa 15 Minuten), dann abkühlen lassen.
2 Eigelb	mit
50 g Puderzucker	schaumig rühren, Rhabarber ohne Saft untermischen und
250 ml süße Sahne (geschlagen)	unterheben.
500 g Erdbeeren	in Scheiben schneiden. Rhabarberschaum auf Tellern anrichten. Erdbeerscheiben rosettenförmig aufsetzen, mit
Minze	garnieren.

Nach Belieben mit Vanille-Eis servieren. Dazu empfiehlt Weinexpertin Hilde Seitz: Riesling Sekt trocken, fruchtig, perlend, erfischend und belebend.

157

Pfitz-auf

250 g Mehl, 2 Eier	mit
500 ml Milch	
1 TL Salz	
1 EL brauner Zucker	
2 EL Butter	gut vermischen. Die mit Butter gefetteten
8 – 10 Förmchen	zur Hälfte damit füllen und bei guter Hitze hellbraun 30 bis 40 Minuten backen (sie gehen beim Backen um mehr als die Hälfte auf). Etwas
Puderzucker	darüber streuen, mit
200 ml süße Sahne (geschlagen)	und
Apfel-, Kirsch-, Himbeer- oder Heidelbeermus	servieren.

Hinweis zum Wein-Museum, Horrheim

Erdbeermousse

Von Christiane Munz, Obstgarage in Bietigheim-Bissingen

600 g Erdbeeren	entkelchen, einige Früchte zum Garnieren beiseite legen, den Rest mit dem Mixstab pürieren.
6 Blatt Gelatine	in kaltem Wasser einweichen und ausdrücken.
250 ml Milch	mit
1 Zimtstange	bei geringer Hitze langsam zum Kochen bringen. Die Gelatine ausdrücken, in der Milch auflösen und die Milch lauwarm abkühlen lassen. Inzwischen
2 Eigelb	zusammen mit
100 g Puderzucker	schaumig rühren.
2 Eiweiß	und
250 ml süße Sahne	getrennt steif schlagen. Die Milch langsam in die Eigelbcreme rühren, das Erdbeerpüree und
1 EL Himbeergeist	einrühren. Die geschlagene Sahne und den Eischnee unterheben. Die Mousse 2 Stunden kalt stellen, mit den übrigen Früchten sowie mit
Weiße Schokolade (geraspelt)	und
Zitronenmelisse-Blättchen	dekorieren.

Spiegelbild der Bäume in der Enz

Früchtebecher-Dessert

Löchgau – am Rande des Strombergs

Weinberghänge, fruchtbare Äcker, Wiesen und Waldflächen gehören zum Landschaftsbild. Südlich vom Ortskern, zwischen Bietigheim und Löchgau, liegt malerisch der Weiler »Weißenhof« mit seinen landwirtschaftlich genutzten Gehöften. Bekannt wurde Löchgau einst als Schwerpunkt der Nagelindustrie. Das Nagelmuseum erzählt eindrucksvoll, wie seinerzeit Nägel gemacht wurden. Der Ortskern wird durch Plastiken des hier wohnenden Bildhauers Prof. K.–H. Seemann und den Abguss einer römischen Jupitersäule vor der Kelter künstlerisch bereichert. Jede Gemeinde hat ihre Eigenarten und »Spitznamen«. Auch die Löchgauer haben einen ganz persönlichen Namen: Sie sind die »Hasenropfer«. Die mündliche Überlieferung über die Entstehung des Namens erzählt von der Zeit, als die Löchgauer noch Jagdfron leisten mussten. Wenn es dem König in seinem Jagdschloss im benachbarten Freudental gerade einfiel, mussten die Bauern – oftmals mitten in der Erntezeit – zur Treibjagd ausrücken. Hatte der König gerade gute Laune, konnte es sein, dass die Bauern von der Beute eine Kleinigkeit abbekamen. Eines frühen Morgens – es war in der Zeit nach dem Bau des Gasthauses Sonne außerhalb des befestigten Dorfes – kamen die Löchgauer Treiber wieder einmal von der Jagd. Sie gaben ein paar Hasen in dem Gasthaus Sonne ab, wo sie von der Köchin zu einem leckeren Abendessen verarbeitet werden sollten. Als sie nach getaner Arbeit abends hungrig ins Gasthaus kamen, war die Sonnenwirtin zusammen mit ihrer Tochter noch immer dabei, die Hasen zu rupfen, wie sie es von ihrem Federvieh gewohnt war. Verzweifelt soll die Köchin gerufen haben: »I ben no net so weit, die gehn so schlecht zropfa.« Seitdem wissen die Löchgauer, dass man einen Hasen nicht »ropft«, sondern ihm das Fell über die Ohren zieht.

159

Skulptur »Weinskandal« des Künstlers
Karl-Henning Seemann vor dem
Rathaus in Löchgau

Laube vor dem Bürgerhaus,
Löchgau – ehemaliges Wohnhaus
des Schuldheiß – erbaut 1614

Geeister Ofenschlupfer mit Vanillesoße

Von Klaus-B. Schmidt, Hotel und Restaurant »Otterbach« in Bietigheim-Bissingen

2 Äpfel (Elstar oder Boskop)	schälen, in 2 cm große Würfel schneiden und kurz in etwas
Butter	anschwitzen, abkühlen lassen. Mit
100 g Biskuitwürfel	
40 g Rosinen (gehackt und in etwas Kirschwasser eingeweicht)	mischen. Nun
60 g Zucker	mit
2 EL Wasser	zum Faden kochen.
2 Eigelb	und
1 Ei	mit einem Handrührgerät schaumig aufschlagen, den heißen Zucker zugeben und so lange weiterschlagen, bis die Masse abgekühlt ist. Mit den Biskuitwürfeln mischen.
150 ml süße Sahne	steif schlagen und unterheben. In eine mit Klarsichtfolie ausgelegte Kastenform einfüllen und mindestens 4 Stunden tiefgefrieren.

> *Servieren Sie dazu Vanillesoße (Rezept S. 144).*

160

Gemütliche Gastlichkeit im Restaurant »Otterbach«

Chefkoch Klaus-B. Schmidt, Hotel und Restaurant »Otterbach« in Bietigheim-Bissingen

Geeiste Biercreme mit Zwetschgenmus

Von Carolin Kiesel aus Bietigheim-Bissingen

1 Orange	waschen.
5 Stück Würfelzucker	an der Orange reiben und mit
125 ml Eisbock oder heller Bock	sowie
2 EL Honig	
4 Eigelb	warm über dem Wasserbad zur Creme schlagen, dann kalt schlagen.
250 ml süße Sahne	steif schlagen und unterheben. Die Masse in Förmchen (die vorher ins kalte Wasser getaucht wurden) füllen und im Gefrierfach kühlen.
100 g Zwetschgenmus	als Spiegel auf die Teller geben, die Förmchen leicht ins heiße Wasser tauchen und dann auf den Spiegel aus Zwetschgenmus stürzen. Mit je
1 TL saure Sahne	und etwas
Minze	garnieren.

161

*Frühlingsbote Schmetterling:
Das Pfauenauge, verweilt ein paar
Sekunden auf duftigen Blüten.*

*Sonnenblumenstrauß von
Blumen-Mayer in Bietigheim-Bissingen*

Duftiger Bratapfel nach »Oma Luise« mit Zimtparfait

Von Burkhard Schork, Restaurant und Hotel »Friedrich von Schiller« in Bietigheim-Bissingen

Die Bratäpfel

4 mittelgroße, aromatische Äpfel (z.B. Cox Orange)	waschen, trocknen und das Kerngehäuse mit einem Ausstecher entfernen.

Die Füllung

100 g Marzipanrohmasse	mit der Gabel zerdrücken. Mit
2 EL Haselnüsse oder Mandeln (gehackt)	
1 EL Rosinen (in Rum eingeweicht)	und
1 Prise Zimtpulver	zu einem weichen Teig vermengen. Die Füllung in die Äpfel drücken und anschließend auf das gefettete Backblech geben. Auf jeden Apfel ein
Butterflöckchen	setzen und im vorgeheizten Backofen bei 220 °C etwa 30 Minuten braten. Vor dem Servieren mit
Puderzucker	bestäuben und in einen tiefen Teller setzen.

Weißes Zimtparfait mit Schokoladenglasur

150 ml Milch (3,5 % Fett)	mit
2 Zimtstangen (gebrochen)	einmal aufkochen und 30 Minuten am Herdrand ziehen lassen.
1 Ei, 1 Eigelb	mit der Zimtmilch über dem Wasserbad cremig schlagen, dann vom Herd nehmen und so lange weiterschlagen, bis die Masse kalt ist.

162

Hotel und Restaurant »Friedrich von Schiller«

175 g weiße Kuvertüre	im Wasserbad schmelzen, zufügen, verrühren und kurz kühlen, danach
250 ml süße Sahne	steif schlagen und vorsichtig unterheben, in kleine Förmchen füllen und einfrieren. Nach 2 Stunden jeweils ein flaches Holzstäbchen in die Mitte der Parfaitmasse stechen und über Nacht festfrieren. Am nächsten Tag die gefrorenen Parfaits aus den Förmchen lösen und schnell in die noch warme
500 g dunkle Kuvertüre (geschmolzen)	bei etwa 36 °C tauchen. Gut ablaufen lassen, auf einen flachen Teller mit Pergamentpapier stellen und wieder einfrieren. Beim Anrichten zum Bratapfel servieren.

Mit Zimtparfait servieren.

Brandycreme mit Espresso (für 4 bis 6 Personen)

163

Von Heinz Schmale »Tulipino« in Bietigheim-Bissingen

250 g Mascarpone	mit
200 ml Vollmilchjoghurt	
4 – 6 EL Brandy (ersatzweise Cognac)	
50 g Zucker	sowie
1 Pck. Vanillezucker	verrühren.
200 ml süße Sahne	schlagen und unterheben. Danach in 4 bis 6 Gläschen verteilen und 1 Stunde kalt stellen.
3 Espressotassen heißer Espresso	kurz vor dem Servieren je nach Geschmack jeweils mit
1 – 2 TL Zucker	süßen. Je 3 bis 4 Esslöffel heißen Espresso auf die Creme geben und sofort servieren.

Alte Stadtmauer mit Wachtürmen, Sachsenheim

Holderküachla

Von Hedwig Streicher (1892 bis 1976)

Wer kennt no dia Holderküachla,
wia se d'Ahna bacha ka?
knuschperich ond denn wia Scherba,
süßlich-herb des Gschmäckle dra.

En a Pfannakuachateigle
(doch mit zemlich Eier drenn)
donkt se nei dia Holderdolda,
wenn se sauber g'wäscha send.

Om da Stengel – wia a Scheiba –
standet Sternla wonzichklei,
mit em Teig schö überzoga,
kommet se en d'Kachel nei.

Siadichheiß dampft dort des Öl scho,
dass dr Flada oba schwemmt,
bis mern als a goldgäls Küachle
dapfer weg vom Feuer nemmt.

A paar Dutzend sotte Denger
bacht so d'Ahna »zom Mittag«,
mei, dia Leut, dia wöllet essa
do braucht mer en reachta Schlag.

Jetzet en dr Heuetwocha
om den Schmaus sich jedes reißt,
denn da Duft der Sommerwiesa
ka mer gratis mitgeniaßa,
wenn mer en dia Küachla beißt.

164

Das historische Relief am Unteren Tor in der Bietigheimer Altstadt zeigt die butternde Frau mit den zwei Gesichtern.

Psalm · JJJ · JJ2 ·

Mart · Bohringer 1781

Schloss Hohenstein – Hohenstein Institute, renommiert und seit 1962 ein international anerkanntes, kompetenzstarkes Forschungs- und Dienstleistungszentrum für Textilien

Holunderküchla (Holderküachla)

100 g Mehl, 2 Eier	sowie
60 g Butter (zerlassen)	
2 EL Zucker	
1 Prise Salz	
125 ml Bier	mit dem Schneebesen zu einem relativ dünnflüssigen Teig rühren. 30 Minuten ruhen lassen und nochmals mit dem Schneebesen aufschlagen.
12 Holunder-Blütendolden	kurz abbrausen, aber so rechtzeitig, dass sie wieder vollständig trocknen können. Dann die Dolden am Stiel anfassen, kopfüber in den Teig tauchen und sofort in einer Pfanne mit
200 – 250 g Butterschmalz (erhitzt)	goldgelb ausbacken. Mit
Puderzucker	bestäuben und sofort warm servieren.

165

Verwenden Sie schöne, voll erblühte Blütendolden vom schwarzen Holunder.

Holunderknospen und Blüten

Floß bei der Vaihinger-Mühle an der Enz

Himbeerkäsekuchen

Der Mürbeteig

370 g Mehl (Type 550 – 1000)	mit
200 g Zucker (braun)	
250 g Butter (zerlassen)	
1 Ei	
1 Pck. Vanillezucker	sowie der abgeriebenen Schale von
1 Zitrone (unbehandelt)	verkneten und den Teig danach auf einem großen Backblech ausstreichen.

Der Belag

750 g Sahnequark	mit
100 g Zucker	
1 Pck. Vanillezucker	
250 ml Crème fraîche	sowie
3 Eier	verrühren und auf dem Teig ausstreichen. Mit
250 g Himbeeren	einzeln belegen und im Backofen bei 200 °C (Unterhitze) 20 Minuten backen. Danach nochmals 20 Minuten bei 180 °C (Ober- und Unterhitze) fertig backen.

166

Rehe im Wildpark Tripsdrill

Himbeerkuchen

Träubleskuchen

Der Mürbeteig

250 g Mehl, 100 g Butter	mit
60 g Zucker, 1 Ei	
2 EL Sauerrahm	sowie
1 EL Wasser	zu einem glatten Mürbeteig verkneten, 30 Minuten im Kühlschrank ruhen lassen. Danach ausrollen und eine gefettete Springform damit auslegen.

Gefrorene Beeren nur so lange auftauen, bis sich diese voneinander trennen lassen.

Der Belag

4 Eigelb	mit dem Saft von
½ Zitrone	verrühren.
150 g Zucker	langsam dazugeben und schaumig schlagen, bis eine weiße Masse entsteht.
1 Pck. Vanillezucker	und
750 g rote Johannisbeeren (entstielt)	
125 g Mandeln (gemahlen)	untermischen.
4 Eiweiß	mit
1 Prise Salz	aufschlagen und
50 g Zucker	einrieseln lassen, steif schlagen, dann unterheben. Die Masse auf den Kuchenboden geben und im vorgeheizten Ofen bei 160 °C (Heißluft) 60 bis 70 Minuten backen.

167

Ausgedienter Heuwagen

Zwetschgenkuchen

Mürbeteig (Rezept S. 166)	zubereiten und auf einem großen Backblech ausstreichen.
800 g Zwetschgen	waschen, entkernen, jede Hälfte dreimal einschneiden und auf dem Boden ausbreiten.
200 g Mehl (Type 550)	mit
100 g Zucker	
1 Pck. Vanillezucker	
170 g Butter (zerlassen)	sowie
150 g Mandeln (mit Schale, grob gemahlen)	zu Streuseln mischen und auf den Zwetschgen verteilen. Danach im Backofen bei 200 °C (Ober-/Unterhitze) etwa 45 Minuten backen.
200 ml süße Sahne	mit
1 Pck. Vanillezucker	steif schlagen und servieren.

> *Der Kuchenboden kann auch mit Äpfeln oder Aprikosen belegt werden.*

Bienenstich

Hefeteig (Rezept S. 180)	zubereiten und danach auf einem gefetteten Backblech ausrollen.
150 g Butter, 200 g Zucker	mit
1 Pck. Vanillezucker	
150 g gehackte Mandeln	aufkochen, dann
2 EL Milch	hineingeben. Den Belag etwas abkühlen lassen, bevor man ihn auf dem Boden verstreicht. Danach im Backofen bei 200 °C (Ober- und Unterhitze) 30 Minuten backen. Den Bienenstich nach dem Abkühlen aufschneiden.
200 ml süße Sahne	mit
1 Pck. Vanillezucker	steif schlagen und den Bienenstich füllen.

Zwetschgen kurz vor der Ernte

Rhabarberkuchen

1 kg Rhabarber	am Vortrag schälen und in kleine Stücke schneiden, mit
100 g brauner Zucker	vermischen und in einem feinen Sieb über einer Schüssel abtropfen lassen.
250 g Mürbeteig (Rezept S. 166)	in eine gebutterte Springform geben und den Rand hoch auslegen. Dann mit
1 Eiweiß	den Teig bepinseln und mit einer Gabel mehrmals einstechen. Von
90 g brauner Zucker	etwa 3 Esslöffel zum Bestreuen abnehmen, den Rest mit
2 Eier	
2 EL Speisestärke	
100 ml Vollmilch	und
100 ml süße Sahne	verrühren. Den abgetropften Rhabarber auf dem Teig verteilen und die Ei-Mischung darüber gießen. In dem auf 180 °C vorgeheizten Ofen 45 Minuten backen. 10 Minuten vor Ende der Backzeit mit dem restlichen Zucker bestreuen. Abkühlen lassen und servieren.

169

Kunstvoll geschmückte Sitzbank

Besenwirtschaft

Apple Pie

Von Mini Hinzel aus Sachsenheim

200 g Butter, 200 g Zucker	mit
1 Prise Salz, 2 Eier	schaumig rühren. Die abgeriebene Schale von
½ Zitrone (unbehandelt)	
200 g Mehl	sowie
2 TL Backpulver	dazugeben. Den Teig in eine gebutterte Form streichen.
5 große, säuerliche Äpfel (Cox Orange)	schälen, in Spalten schneiden und den Teig belegen. Mit
1 TL Zimt	bestreuen und bei 175 °C etwa 25 Minuten backen.
250 ml süße Sahne	steif schlagen und zusammen servieren.

Tässchen aus Znaim, um 1900,
Sammlung Gerda Ott, Stuttgart

Stillleben Kiwi, Zitrone,
Birnen, Trauben

Schwäbische Apfeltorte

Von Gerti Reichel aus Neunkirchen-Seelscheid

Die Vorbereitung

200 g Mehl	mit
½ Pck. Backpulver	vermischen. Nun
je 70 g Zucker, Butter	
1 Ei	sowie
1 Pck. Vanillezucker	dazugeben, zu einer Teigkugel verkneten, dann 30 Minuten im Kühlschrank ruhen lassen. Danach in eine mit Backpapier ausgelegte runde Springform geben und bei 175 °C etwa 10 Minuten vorbacken. In der Zwischenzeit
750 g Äpfel	schälen, entkernen, halbieren und einschneiden.

> *Wer mag, kann die Apfeltorte mit Puderzucker bestäuben.*

Die Weincreme

Je 125 ml Weißwein, süße Sahne	mit
2 Eier, 60 g Zucker	in einen Topf geben und mit dem Schneebesen aufschlagen.
1 Pck. Vanillepudding	hinzufügen und kurz zum Kochen bringen. Abkühlen lassen.

Die Fertigstellung

	Den Mürbeteigboden aus dem Backofen nehmen, mehrmals mit der Gabel einstechen, mit 75 g Mandelstifte von
150 g Mandelstifte	belegen, Äpfel auf den Boden legen und die Weincreme darüber gießen.
4 EL Aprikosenmarmelade	mit
2 EL Kirschwasser	kurz aufkochen, mit dem Schneebesen verrühren, über dem Kuchen verteilen und die übrigen 75 g Mandelstifte darüber verteilen. Bei 175 bis 180 °C etwa 60 bis 80 Minuten fertig backen.

171

Schwäbische Apfeltorte

Besigheim – malerisch auf einem Bergrücken gelegen

… gilt als schönster Weinort Deutschlands. Die romantische Silhouette der Stadt am Zusammenfluss von Enz und Neckar bietet einen faszinierenden Anblick und zieht viele Besucher an. Uralte Gemäuer, Wehrgang, Steinhaus, Türme und Kelter versetzen den Besucher in eine mittelalterliche Anlage. Prächtige Fachwerkhäuser, das Rathaus mit dem Marktbrunnen davor, schmücken die Stadt und gehören zu den Schönsten in der Region. Die evangelische Stadtkirche mit ihrem mächtigen Hochaltar ist für jeden Kunstfreund eine Reise wert. Weinhänge, Flussauen und Obstgärten umgeben den Ort mit seinen Teilgemeinden Ottmarsheim und Husa-renhof. Der Enztalradweg, der seinen Ursprung an der Quelle in Enzklösterle hat, endet hier. Wer dann noch weiter radeln will, kann den Neckartalweg flussauf- oder flussabwärts erkunden. Eine schöne Wanderung entlang der Enz bietet der Flößer-weg zwischen Besigheim und dem Bietigheimer Teilort Bissingen. Einen Ausflug zu den Felsengärten am Neckar sollte man mit einem Besuch der Felsengartenkellerei verbinden. Nicht nur dort, auch bei den Winzern und vor allen Dingen bei dem alle zwei Jahre stattfindenden Winzerfest kann man Weinseligkeit erleben. Am Neckar ist eine Anlegestelle der Neckarpersonenschifffahrt, so dass man von dort beschau-lich mit dem Schiff an romantischen Weinorten vorbeifahren kann. Besigheim un-terhält Städtepartnerschaften mit der französischen Stadt Ay in der Champagne, der englischen Stadt Newton Abbot am Rande des Dartmoors und der ungarischen Stadt Bátaszèk.

172

*Besigheimer Kirche mit
Schochenturm – erbaut 1220*

Stadtsilhouette Besigheim inmitten von Weinbergen

Rebsorten Traminer und Weißburgunder

Von Dieter Schedy

Der Traminer gehört zu den ältesten kultivierten Reben in Europa. Zu ihrem Ursprung gibt es vielerlei Überlegungen, eine führt sogar nach Ägypten. So abenteuerlich die Geschichte auch sein mag, freuen wir uns doch, dass diese Rebe auch bei uns Heimat gefunden hat. Der Wein ist von grüngelblicher Farbe, ist würzig und duftet nach Wildrose oder alten englischen Rosensorten. Edelsüß wird er als Aperitif gereicht, passt zu Käse und zu einem kräftig süßen Dessert.

Der feinfruchtige Weißburgunder ist eine Mutation aus der Burgunderfamilie. Er ist eine etwas empfindliche Sorte, die Südhanglagen mit fruchtbaren, warmen und genügend kalkhaltigen Böden bevorzugt. Feine Frucht, frische Säuren und Aromen, die an Apfel, Birnen und Ananas erinnern, sind seine Merkmale. Fisch, Kalbfleisch und Schweinefleisch erfahren durch ihn eine heitere Aufwertung.

173

Joghurtkuchen (schnell gebacken)

150 ml Joghurt (mager)	
3 Eier	
1 Pck. Vanillezucker	und die abgeriebene Schale sowie den Saft von
1 Zitrone (unbehandelt)	miteinander vermischen.
3 Joghurtbecher Mehl (fein gesiebt)	
1 Pck. Backpulver	
1 Joghurtbecher Pflanzenöl	und
2 Joghurtbecher Zucker	zufügen und alles zusammen in einer Teigschüssel 5 Minuten verrühren, den Teig in eine mit Butter ausgestrichene und mit Semmelbrösel bestreute Kastenform geben. Backzeit 45 Minuten bei 180 bis 200 °C im nicht vorgeheizten Backofen.

Rathaus-Uhr in Besigheim, renoviert von 1976 bis 1977

Biskuitrolle mit Früchten (für 12 Personen)

Von Dolores Schweizer, Philadelphia, USA

3 Eier	trennen, in einer Backschüssel
3 Eiweiß, Salz, 3 EL kaltes Wasser	mit dem Handrührgerät steif schlagen.
150 g Zucker	nach und nach unter Schlagen einrieseln lassen und 3 Minuten weiterschlagen.
1 TL Zitronenschale (unbehandelt)	und das Eigelb kurz auf langsamer Stufe unterrühren.
100 g Mehl (Type 405)	sowie
20 g Speisestärke	
½ TL Backpulver	darauf sieben und vorsichtig untermischen. Ein Blech (30 x 40 cm) mit Backpapier auslegen. Den Teig auf das Blech streichen. Im vorgeheizten Ofen bei 210 °C etwa 8 Minuten backen. Sofort auf ein dünn mit Zucker bestreutes Geschirrtuch stürzen. Das Papier mit etwas kaltem Wasser bepinseln und abziehen. Die Teigplatte mit Hilfe des gezuckerten Tuches aufrollen und abkühlen lassen.
600 g Erdbeeren	in dünne Spalten schneiden.
500 ml süße Sahne	mit
2 Pck. Vanillezucker	
2 Pck. Sahnesteif	schlagen. Biskuit auseinander rollen, zwei Drittel der Sahne auf die Platte streichen, mit den Früchten belegen und leicht in die Sahne drücken. Dann mit Hilfe des Tuches erneut aufrollen und mit der restlichen Sahne bestreichen. Mit einigen Früchten die Rolle garnieren und kaltstellen.

174

Anstelle von Erdbeeren können Sie Ananas, Himbeeren, Mango oder verschiedene Beeren je nach Saison verwenden.

Brombeeren

Feiner Nussboden

Als Kuchenboden wird dieser in zwei Hälften flach aufgeschnitten und mit Sahne bestrichen. Darüber legt man verschiedene Früchte, wie Ananas, Mandarinen, Kiwis, Bananen, Aprikosen, Mango, Heidelbeeren, Karambole (Sternenfrucht) – je nach Belieben. Im Sommer schmecken besonders Himbeeren, Brombeeren und Erdbeeren vorzüglich. Dieser Kuchenboden kann auch als Torte mit Buttercreme oder Sahne verwendet werden. Der Boden hält sich im Kühlschrank etwa eine Woche in Alufolie oder mehrere Wochen im Gefrierfach. Besonders lecker schmeckt er, wenn er mit etwas Likör wie Amaretto, Grand Manier, Himbeerlikör, Cognac oder Rum aromatisiert wird.

7 Eiweiß	mit
50 g Puderzucker	sehr steif schlagen, zur Seite stellen.
7 Eigelb	mit
100 g brauner Zucker	
1 Pck. Vanillezucker	schaumig schlagen.
30 g Mehl	darüber geben.
½ Pck. Backpulver	leicht untermischen. Die abgeriebene Schale von
1 Zitrone (unbehandelt)	darüber reiben.
250 g Nüsse (gemahlen)	mit der Eiweiß-Masse vorsichtig unter die Eigelb-Mischung ziehen, bis alles gut vermengt ist. Den Teig in eine Tortenform gießen und etwa 30 bis 40 Minuten bei 180 bis 200 °C backen. Stäbchenprobe machen.

175

Feiner Nussboden mit verschiedenem Obst belegt

Marmorkuchen

250 g weiche Butter	mit
200 g Zucker	sowie
2 Pck. Vanillezucker	zusammen zu einer cremigen Masse schlagen. Die Schale von
1 Zitrone (unbehandelt)	darüber reiben und mit einem Sieb
250 g Weizenmehl (Type 405)	und
½ Pck. Backpulver	darüber streuen.
5 Eier	darüber geben und gut rühren. In eine gefettete Gugelhupfform zwei Drittel der hellen Teigmasse löffelweise einfüllen. Den Rest des Teiges mit
3 EL Kakaopulver	
50 g kleine Schokoladenstückchen	
2 EL Rum oder Cognac	sowie
1 Pck. Vanillezucker	gut verrühren. Die braune Masse über den hellen Teig schichten. Mit einer Gabel vorsichtig kreisende Bewegungen machen, damit eine Marmorierung entsteht. Den Kuchen bei 200 bis 220 °C (Ober- und Unterhitze) etwa 50 bis 60 Minuten backen. Stäbchenprobe machen. Nach dem Backen sollte der Marmorkuchen auf ein Kuchengitter zum Abkühlen gestürzt werden. Danach mit
Puderzucker	bestreuen.

Fertiger Marmorkuchen

Marmorkuchen vor dem Backen

Schwäbischer Hefezopf

1 Würfel Hefe (40 g)	mit
125 ml lauwarme Milch	glatt rühren und von
1 kg Mehl	soviel dazugeben, dass ein dünner Vorteig entsteht, 1 Stunde gehen lassen.
180 – 200 g Butter	schaumig schlagen.
3 Eier, 1 TL Salz	sowie
150 g Zucker	dazugeben. Die abgeriebene Schale von
1 Zitrone (unbehandelt)	hinzufügen.
250 ml Milch	unterrühren. Das restliche Mehl und den Vorteig dazugeben. Den Teig gut verkneten und bei Zimmertemperatur gehen lassen, bis er sich verdoppelt hat. Den Teig dann in drei Stränge ausrollen und zu einem Zopf flechten. Erneut 20 bis 30 Minuten gehen lassen.
2 Eigelb	mit etwas
Milch	verquirlen und den Teig vor dem Backen damit bestreichen. Mit
Mandelsplitter (geröstet)	und
Hagelzucker	bestreuen. Bei 180 °C etwa 40 Minuten backen.

Mittelalterliche Fachwerkhäuser in Aurich

Hefekranz, Stollen und Schnitzbrot gibt es um die Weihnachtszeit.

Der Granatsplitter im Schaufenster

Von Walter Kurz, Bietigheim-Bissingen

Ist das nicht derselbe Knabe,
den ich schon gesehen habe,
als er gestern voll Verlangen
mit den Augen mich umfangen
und vermutlich mangels Masse
unterließ den Gang zur Kasse?
Ja, natürlich, unwillkürlich
zielt sein Blick direkt auf mich –
guter Gott, erbarme dich!
Schenk dem Jungen doch drei Groschen,
eh sein Appetit erloschen.
Ich bin hier wie im Gefängnis,
welch Verhängnis!
Festgehalten hinter Scheiben
muss ich bleiben, wo ich bin!
Was hat das für einen Sinn?
Wenn durch gnädiges Geschick
ich das Glück

und die Erlösung finde
– durch ein Kinde,
dann wird selbst der Exitus
zum Genuss!
Oh, da kommt er wieder,
dieser Junge von vorher!
Schon drückt er die Klinke nieder –
ja, ich kenne sein Begehr!
Gleich wird er sich an mir laben,
dann ist Schluss mit aller Qual!
Gott sei Dank und ihm, dem Knaben!
Dass er führt mich aus dem Tal!

Doch was seh ich? Er kehrt um!
Warum kommt er denn nicht rein?
– kann denn schon Geschäftsschluss sein?
In der Tat, die Zeit ist um –
ach, wie dumm!

*Weiberzeche Ochsenbach,
Festzug Pferdemarkt*

*Fachwerk-Wohnhaus von 1559. Im Giebel an der Hofseite wurde 1902 ein Arm
des »Kibanele« (Statue der Göttin Kybele beim Kirbachhof) eingemauert.*

Mini-Granatsplitter

Der Boden

150 g Mehl, 1 TL Backpulver	in eine Schüssel sieben.
50 g Zucker	sowie
2 Pck. Vanillezucker	
50 g Mandeln (gemahlen)	
50 g Butter (weich)	untermischen.
4 EL Rum oder Rum-Aroma	und
2 EL Milch	hinzufügen. Den Teig auf einer bemehlten Arbeitsfläche 5 mm dick ausrollen. Ein Backblech mit Backpapier auslegen, den Teig darauf geben. Im vorgeheizten Backofen bei 180 °C (Umluft 160 °C) etwa 10 Minuten backen. Nach kurzer Abkühlung 10 runde Plätzchen mit einem Eierbecher (Ø 4 cm) ausstechen und auf eine Platte setzen. Die Teigreste aufbewahren und zerkleinern.

Die Buttercreme

125 g Butter (weich)	zusammen mit
50 g Puderzucker	mit dem Handrührgerät schaumig rühren. Die Schale von
1 Zitrone (unbehandelt)	darüber reiben, mit
5 EL Rum	weiter rühren, die zerkleinerten Teigreste darunter mischen und kalt stellen. Mit einem Esslöffel eine runde Form ausstechen und jeweils auf die Böden setzen, nach oben schmaler formen und glatt streichen, dann im Kühlschrank kalt stellen.

Die Kuvertüre

125 g Kokosfett	schmelzen und
65 g Puderzucker	
3 EL Kakaopulver	einrühren, abkühlen lassen.
1 Ei	unter die abgekühlte Schokomasse rühren, danach die Granatsplitter damit bestreichen oder eintauchen.
50 g Mandelstifte	in die noch weichen Mini-Granatsplitter stecken. Im Kühlschrank aufbewahren.

179

Mini-Granatsplitter

Streuselkuchen

Der Hefeteig

500 g Mehl (Type 405 – 550)	in eine große Schüssel sieben, eine Mulde eindrücken.
250 ml Milch	davon eine kleine Menge erwärmen und mit etwas Zucker darin
1 Pck. Hefe (40 g)	auflösen, in die Mehlmulde geben, abgedeckt 15 Minuten gehen lassen.
100 g Zucker (braun)	sowie
1 Pck. Vanillezucker	dazugeben. Die Schale von
1 Zitrone (unbehandelt)	frisch darüber reiben.
1 Ei	die restliche Milch und
100 g Butter (zerlassen)	hinzufügen und mit wenig
Salz	zusammenkneten, 30 Minuten an einem warmen Ort gehen lassen. Danach den Teig auf einem großen Backblech ausstreichen.
400 g Mehl, 250 g Zucker	mit
1 Pck. Vanillezucker	
250 g Butter (zerlassen)	locker mischen und auf dem Teig gleichmäßig als Streusel verteilen. Bei 200 °C (Unter-/Oberhitze) etwa 20 bis 25 Minuten backen.

Küchengeräte aus Porzellan, um 1900, Sammlung Gerda Ott, Stuttgart

Ausgediente Mühlsteine der Fessler-Mühle in Sersheim

Kirschkuchen mit Vanillecreme

250 g Mehl

125 g Butter

40 g Zucker, 1 Prise Salz

2 EL Wasser   zu einem Teig verkneten und zu einer Kugel gerollt 30 Minuten im Kühlschrank ruhen lassen.

600 g Kirschen (Sorte beliebig)   entsteinen. Den Teig in eine gebutterte Form legen und etwa 10 Minuten bei 200 °C vorbacken.

125 ml Milch

250 ml süße Sahne

1 Prise Salz

200 g Zucker   und

1 Pck. Vanillezucker   aufkochen. Weitere

125 ml Milch   mit

3 Eigelb   und

40 g Speisestärke   glatt rühren, die Milch damit binden und kurz aufkochen lassen.

200 g Kirschmarmelade   auf den vorgebackenen Boden streichen. Dann die Vanillecreme und die Kirschen darauf geben. Bei 200 °C 35 bis 40 Minuten backen.

> *Den Kuchen in der Form erkalten lassen und mit Puderzucker bestäubt servieren.*

181

Altes Straßenschild

Kirschenzweig-Aquarell von Marianne Schleicher

Erdbeertorte

Der Boden

½ Zitrone (unbehandelt)	die Schale abreiben und zusammen mit
3 Eigelb	
100 g Zucker	zu einer Creme rühren.
3 Eiweiß	zu Eischnee schlagen und auf die Eigelb-Creme geben.
50 g Mehl	mit
50 g Mandeln (gemahlen)	mischen und mit dem Schneebesen unterheben. Eine Springform mit Backpapier auslegen, die Schaummasse einfüllen und im vorgeheizten Backofen bei 200 °C etwa 20 Minuten goldgelb backen. Danach auskühlen lassen.

Der Belag

1 Zitrone (unbehandelt)	die Schale abreiben und zusammen mit
300 g Speisequark	
125 ml Milch, 175 g Zucker	und
1 Pck. Vanillezucker	glatt rühren.
6 Blatt weiße Gelatine	einweichen, ausdrücken, auflösen, schnell mit der Quarkmasse verrühren und auf den Boden streichen.
750 g Erdbeeren	waschen, entstielen, je nach Größe teilen und in die leicht erstarrte Quarkmasse drücken, die Torte kalt stellen.

182

Marienkäfer auf grünem Blatt

Walderdbeeren, lat. Fragaria vesca

Zitronensahnetorte

Der Teig

2 Eier	mit
2 EL Wasser (kalt)	zu einer dicklichen Creme schlagen und unter Rühren mit dem Schneebesen
½ Pck. Vanillezucker	sowie
100 g Zucker	einrieseln lassen.
50 g Mehl	mit
50 g Speisestärke	
1 gestr. TL Backpulver	mischen und vorsichtig unter die Creme heben. Den Teig in eine mit Backpapier ausgelegte Springform füllen, 15 Minuten bei 180 bis 200 °C backen, abkühlen lassen, aus der Form nehmen und das Backpapier abziehen. Den Boden auf eine Tortenplatte legen und den Springformrand wieder aufsetzen.

Die Füllung

183

125 ml Zitronensaft	mit
2 EL Orangensaft	und
125 g Zucker	mischen.
2 Pck. Gelatine (gemahlen)	in wenig kaltem Wasser quellen lassen, dann vorsichtig bis zum Lösen erhitzen, etwas abkühlen lassen und mit der Saftmischung vermengen.
500 ml süße Sahne	steif schlagen, ein wenig zum Garnieren zurückbehalten. Die restliche Sahne unter die Fruchtsaftmischung geben, sobald sie zu gelieren beginnt. Die Masse auf den Biskuitboden füllen, glatt streichen und kalt stellen. Nach etwa 1 Stunde den Springformrand abnehmen und die Oberfläche der Torte mit der restlichen Sahne garnieren. Von
1 Zitrone (unbehandelt)	Zesten abreiben und darüber streuen.

Zitronen-Aquarell von Marianne Schleicher

Ingersheim – am westlichen Ufer des Neckars

Ingersheim besteht seit 1972 aus den beiden Gemeinden Groß- und Kleiningersheim. Wie viele andere altwürttembergische Dörfer verdankt Ingersheim seine wohl älteste Ortsansicht dem Kriegsmann und Landvermesser Andreas Kieser (1620 bis 1688).

Den Mittelpunkt von Großingersheim bilden das Rathaus mit seinen zwei Erkern, die spätgotische evangelische Martinskirche und der Löwenbrunnen. Der Hindenburgplatz wurde neu gestaltet und rundet den Dorfmittelpunkt harmonisch ab. Haupterwerbsquelle waren bis ins 20. Jahrhundert die Landwirtschaft und der Weinbau. Erst in unserer Zeit begann sich die Struktur der Gemeinde durch Industrie und Handwerk dank seiner attraktiven Lage allmählich zu ändern.

Im Ortsteil Kleiningersheim, am Steilhang über dem Neckar, wurde im 16. Jahrhundert in der Nähe einer verfallenen Burg das Kleiningersheimer Schloss erbaut. Das Schloss im Renaissancestil ist ein historisches Kleinod und heute der Verwaltungssitz des Schiller-College, einer privaten internationalen Hochschule und wird von Prof. Dr. Leibrecht und seiner Familie bewohnt. Im Innenhof des Schlosses und der schönen Umgebung finden alljährlich Freiluftkonzerte statt. Eine Besonderheit in Kleiningersheim ist die Georgskirche mit ihrer achteckigen Glockenstube. Das Neckarufer im Ingersheimer Wiesental gehört zum Naturschutzgebiet Altneckar, einem der letzten naturnahen Flussabschnitte im Regierungsbezirk Stuttgart. Seit 1999 ist die gleichnamige französische Gemeinde Ingersheim im Elsass die Partnergemeinde von Ingersheim.

Traubenhyazinthe – lat. Muscari azureu – findet man in den Weinbergen

Frühling in Ingersheim, Aquarell von Sigrid Nägele

Rebsorte Grauburgunder

Von Dieter Schedy

Der Grauburgunder wurde 1711 in einem aufgelassenen Weinberg in Speyer gefunden. Er gehört in die Familie der Burgunder. Die Weine sind meist säurearm, dafür aber körper- und extraktreich, von kräftigen, je nach Ausbauart von blassgelb, über goldfarbenen bis zu bernsteinfarbenen Tönen geprägt. Fruchtige Aromen, die an Birne, Trockenobst, Rosinen, Zitrus und Ananas erinnern. Meeresfrüchte, frischer Seefisch, Lamm, Jungwild und reife Weichkäse fühlen sich in seiner Gesellschaft wohl. Er liebt die Südhänge, mit fruchtbaren, warmen und genügend kalkhaltigen Böden. Auch auf Lössterrassen und steinigen Untergründen fühlt er sich wohl.

185

Schloss Kleiningersheim über Weinbergen

Martinskirche in Ingersheim,
Aquarell von Sigrid Nägele

Grand-Marnier-Torte (für 12 Personen)

Von Bäckerei, Konditorei, Confiserie Blatter aus Bietigheim-Bissingen

Mürbeteigboden (fertig)	mit
30 g Aprikosenmarmelade	dünn bestreichen.
Biskuitboden, hell (fertig, 3 cm hoch)	mit
Mandarinen, Orangen oder Ananas (frisch oder aus der Dose)	belegen.

Die Grand-Marnier-Sahne

40 g Eigelb	mit
60 g Zucker	
80 ml Weißwein	schaumig rühren.
5 Blatt Gelatine (eingeweicht)	ausdrücken, vorsichtig bis zum Lösen erhitzen, etwas abkühlen lassen, dann mit der Masse vermengen.
600 ml süße Sahne (geschlagen)	sowie
50 ml Grand Marnier (32 Vol.-%)	und den Saft von
½ Zitrone	vorsichtig untermischen und die Grand-Marnier-Sahne 1,5 cm stark aufstreichen.
Schokoladenboden (fertig, 3 cm hoch)	auflegen und wieder eine Schicht Grand-Marnier-Sahne auftragen.

Das Dekor

100 g Mandarinenspalten	als Rosette auslegen.
50 g Pistazien (gehackt)	darüber streuen, mit
Tortenguss, hell	abglänzen und danach die Torte kühlen.

Café Blatter in Bietigheim-Bissingen

Schokoladenkuchen

Von Catherine Carlstedt-Söderman aus Stockholm

2 Eier	mit
260 g Zucker	und
2 Pck. Vanillezucker	schaumig schlagen.
200 g Butter	erwärmen und abgekühlt untermischen. Danach
100 g Weizenmehl	und
4 geh. EL Kakaopulver	in die Masse rühren. Eine flache Tortenform fetten und mit
Semmelbrösel	ausstreuen. Den Teig einfüllen und im vorgeheizten Backofen bei 175 °C (Ober- und Unterhitze) ungefähr 20 bis 25 Minuten auf unterer Stufe backen. Die Mitte des Kuchens sollte noch flüssig sein, dann abkühlen und im Kühlschrank kalt stellen.
200 ml süße Sahne	mit
1 Pck. Vanillezucker	schlagen und den Kuchen mit Sahne servieren.

187

Bäckerei und Café Blatter in Bietigheim-Bissingen

Ausstecherle

500 g Mehl	auf ein Brett oder in eine Schüssel geben.
250 g Butter (Zimmertemperatur)	in Scheiben darüber schneiden und dann
250 g Zucker	
1 Pck. Vanillezucker	
3 Eier	sowie die abgeriebene Schale von
1 Zitrone (unbehandelt)	hinzufügen. Alle Zutaten gut vermischen und zu einem geschmeidigen Teig verarbeiten, etwa 30 Minuten kalt stellen. Zum Auswellen gibt man ein Stück Teig auf ein bemehltes Backbrett und sticht mit verschiedenen Ausstechförmchen Plätzchen aus.
1 Eigelb	mit wenig
Milch	verrühren und die Plätzchen damit bestreichen. Bei 180 °C etwa 7 Minuten goldgelb backen.

Butter-S

Adventskranz üppig geschmückt

Butter-S

500 g Mehl, 250 g Butter	mit
200 g Zucker	
6 Eier	gut vermengen und zu einem geschmeidigen Teig verarbeiten, den Teig 1 Stunde kalt stellen. Danach von der Masse »S« formen und die Bleche über Nacht stehen lassen. Am nächsten Tag
3 Eiweiß	zu leichtem Schaum schlagen, die »S« damit bestreichen und danach in
Hagelzucker	tauchen. In guter Hitze bei etwa 175 °C backen, bis sie eine hellgelbe Farbe haben.

Spitzbüble

189

300 g Mehl	auf ein Brett oder in eine Schüssel geben.
200 g Butter (weich)	sowie
150 g Zucker	
1 Pck. Vanillezucker	hinzufügen. Alles gut vermischen und zu einem geschmeidigen Teig verarbeiten, ungefähr 15 Minuten kalt stellen. Zum Auswellen gibt man ein Stück Teig auf ein bemehltes Backbrett und sticht mit runden Ausstechförmchen, Sternchen oder Herzen (2 bis 3 verschiedene Größen) Plätzchen aus und backt sie kurz auf einem ungefetteten Backblech blassgelb. Sobald sie aus dem Ofen kommen, setzt man 2 oder 3 Plätzchen mit einem kleinen Klecks
Quitten- oder Himbeergelee	zusammen. Nach dem Erkalten mit
Puderzucker	bestäuben. Zur Aufbewahrung gibt man die Spitzbüble in eine Blechdose, so sind sie über längere Zeit haltbar.

Spitzbüble in Herzform

Flachswickel

500 g Mehl	mit
200 g weiche Butter	
1 Ei, 1 Prise Salz	
42 g Hefe (Würfel)	sowie
3 EL warme Milch	in eine Schüssel geben und sofort verkneten. Dann zu einer 7 cm dicken Rolle formen. Davon Scheiben schneiden und 18 bis 20 cm lange, fingerdicke Teile rollen. Diese in
8 Pck. Vanillezucker	wenden und Schleifchen drehen. Im nicht zu heißen Backofen bei 180 °C etwa 15 bis 20 Minuten backen.

190

Das Backhäusle in Unterriexingen ist auch heute noch in Betrieb.

Grasendes Schaf

Mohrenköpfe

Der Teig

4 Eiweiß	mit
3 EL kaltes Wasser	und
1 Prise Salz	steif schlagen.
3 Eigelb	einzeln unterheben.
125 g Zucker	sowie
1 Pck. Vanillezucker	hineinrühren.
100 g Mehl	mit
30 g Speisestärke	
1 Msp. Backpulver	vermischen und unterheben. Mohrenkopf- oder Muffinformen einfetten und den Teig darauf verteilen. In 10 bis 12 Minuten bei 190 bis 200 °C backen. Die abgekühlten Mohrenköpfe quer halbieren.

Die Füllung

191

75 g Aprikosenkonfitüre	erhitzen und die Schnittflächen der Mohrenköpfe bestreichen.
250 ml süße Sahne	mit
1 Pck. Vanillezucker	steif schlagen, die Unterteile der Mohrenköpfe damit bestreichen.

Die Glasur

200 g Kuvertüre	im Wasserbad auflösen.
1 EL Rum	dazugeben, verrühren und die Oberseite der Mohrenköpfe damit bestreichen, dann auf die Unterseite setzen.

Kaffeemühle um 1900, Sammlung Gerda Ott, Stuttgart

Käse-Mandel-Gebäck

100 g Mehl	mit
2 TL Backpulver	
1 TL Salz, 1 Ei	
300 g Mandeln (gemahlen)	
150 g geriebener Käse (Bergkäse)	
4 EL saure Sahne	sowie
175 g Butter	zu einem glatten Mürbeteig verkneten, mindestens 30 Minuten im Kühlschrank ruhen lassen. Den Teig danach 3 mm dick ausrollen und beliebige Plätzchen ausstechen.
2 Eigelb	mit
1 EL süße Sahne	verquirlen, Plätzchen auf ein mit Backpapier belegtes Backblech legen, mit Eigelb bestreichen und 10 bis 12 Minuten bei 190 bis 200 °C goldgelb backen.

> *Hilfreich ist es, wenn man den Teig zwischen Klarsichtfolie ausrollt.*

Walnuss-Mandel-Haselnussmakronen

4 Eiweiß	zu Schnee schlagen und dabei
180 g Zucker	
1 Prise Salz	sowie
1 Pck. Vanillezucker	einrieseln lassen, mit
1 EL Amaretto oder 2 EL Rum	aromatisieren.
200 g Walnüsse, Mandeln oder Haselnüsse (gemahlen)	unterheben. Mit 2 Teelöffeln kleine Häufchen auf ein mit Backpapier belegtes Blech setzen und bei 150 °C etwa 35 bis 45 Minuten backen.

Geranie in rot-weißer Farbe, lat. Geranion, Familie der Storchschnabelgewächse

Vanillekipferl

1 Zitrone (unbehandelt)	Schale abreiben, mit
250 g Butter (weich)	sowie
320 g Mehl, 85 g Zucker	
1 Prise Salz	
60 g Mandeln (gemahlen)	
60 g Walnüsse (gemahlen)	und
3 Eigelb	zu einem glatten Teig kneten, im Kühlschrank 30 Minuten ruhen lassen. Die Hälfte des Teiges zu einer Rolle formen, 1 cm dicke Scheiben abschneiden, nochmals rollen, zu Kipferl formen und auf ein mit Backpapier belegtes Blech geben, nacheinander bei 180 °C etwa 10 bis 12 Minuten backen.
Puderzucker	mit
Bourbon-Vanille	mischen. Die fertigen Kipferl etwa 2 Minuten abkühlen lassen und noch warm in der Zuckermischung wälzen. Auf einem Kuchengitter abkühlen lassen.

193

Der Rohstoff und das Endprodukt:
frischgepresstes Walnussöl aus der Ölmühle

Schneckennudeln

Der Teig

500 g Mehl, 2 Eier	mit
1 Pck. Trockenhefe	
50 g Zucker, 250 ml Milch	
1 Pck. Vanillezucker	
1 Prise Salz	sowie
100 g Butter (zerlassen)	gut verkneten und einen geschmeidigen Teig herstellen. Den Teig etwa zur doppelten Menge aufgehen lassen, danach rechteckig auswellen und mit
50 g Margarine (zerlassen)	bestreichen.

Eine weitere Füllung für Schneckennudeln kann aus 200 g gemahlenen Haselnüssen, 100 g Zucker, 4 bis 5 Tropfen Bittermandel-Öl, einem aufgeschlagenen Eiweiß, 1 Eigelb und 3 bis 4 EL Wasser zubereitet werden.

Der Belag

Je 50 g Rosinen, Korinthen	mit
50 g Zucker	
50 g Mandeln (gemahlen)	und
1 EL Zimt	vermischen, auf dem Teig verteilen, den Teig von der kurzen Seite her aufrollen, mit einem Messer 1½ cm dicke Scheiben abschneiden. Auf einem gefetteten Blech 15 bis 20 Minuten bei 180 bis 200 °C fertig backen. Danach sofort mit einem Guss aus
175 g Puderzucker	und
2 – 3 EL Zitronensaft	bestreichen.

Puppenküche um 1900, Stadtarchiv Bietigheim-Bissingen

Restaurant Schubart-Stube auf dem Hohenasperg

Hohenasperg – imposanter Aussichtspunkt

»Auf den Bergen wohnt die Freiheit, auf dem Asperg aber nicht«, so heißt es in einem alten Lied. Gerade dieser Berg, der zum Wahrzeichen des ganzen Unterlandes wurde, ist aufs engste mit der Geschichte unseres Landes verknüpft. Heute beherbergt die alte Feste das Vollzugskrankenhaus Hohenasperg, seit neuestem auch ein Museum, und – für uns interessant – die »Schubartstube«, wo man bei herrlichem Ausblick und sagenhaften Sonnenuntergängen den Wein von den Hängen des Aspergs genießen kann.

Der Hohenasperg hat mehr als nur einen Namen. Der verstorbene Bundespräsident Theodor Heuss nannte ihn »Die Burg der Väter«, der schwäbische Dichter Christian Friedrich Daniel Schubart sprach in seinem Gedicht »Die Aussicht« von des »Tränenberges Höhen« oder vom »Schwäbischen Jammerbuckel«. Aus seiner Feder stammen auch die Gedichte »Schwabenlied, so herzig wie die Schwaben, gibts halt nichts weit und breit« und »Die Forelle«.

Hinter den Gefängnismauern hat der Ludwigsburger Siebmacher Jakob Kammerer vor 140 Jahren während seiner Haft das Zündholz erfunden. Mitte des vergangenen Jahrhunderts bekam der Zeugenberg auch einmal den Beinamen »Demokratenbuckel«. »Der Weg auf den Hohenasperg ist kurz, aber die Rückkehr kann Jahre dauern«, heißt es im Volksmund.

Auf seiner Fahrt 1797 bemerkte der vielgereiste Geheimrat Goethe: »Hinter Bietigheim fuhren wir an mächtigen Muschelkalklagern vorbei, durch eine schöne Allee von Fruchtbäumen. Man sah nahe und ferne Wäldchen durch Alleen verbunden und hatte den Asperg und bald Ludwigsburg vor Augen.« Bekanntlich war Goethe von der schwäbischen Küche restlos begeistert.

Hohenasperg »Schicksalsberg« mit ehemaligem Gefängnis –
heute Haftanstalt für psychisch kranke Menschen

Weite Aussicht vom Hohenasperg
bis auf das Schloss Solitude bei Stuttgart

Begriffserläuterungen

Abbacken/Ausbacken	Etwas in heißem Fett schwimmend backen.
Ablöschen	Das Angießen von scharf angebratenem oder geschmortem Fleisch oder Gemüse.
Abschmecken	Eine Speise mit den Grundgewürzen Salz, Pfeffer, Zucker usw. nach eigenem Geschmack würzen.
Andünsten/Anschwitzen	Ein Lebensmittel in heißem Fett leicht rösten, ohne es zu braten. Das Lebensmittel soll nur glasig werden, z.B. Zwiebeln.
Ausbraten/Auslassen	Den Speck so lange braten, bis das Fett herausgebraten ist.
Blanchieren	Zutaten in einen Topf mit kochendem Wasser geben und kurz köcheln lassen.
Garen/Köcheln	Eine Speise sollte nicht stark kochen. Die Hitzezufuhr muss so gedrosselt werden, dass nur ein leichtes Aufsteigen von Kochblasen zu sehen ist.
Gratinieren	Das Überbacken von Speisen.
Legieren	Ist das Binden und Verfeinern von Gerichten mit Eigelb. Das Ei oder Eigelb wird mit warmer Flüssigkeit vermischt und unter ständigem Rühren in die nicht mehr kochende Speise gegeben.
Karkasse	Aus dem Französischen: Carcasse für Gerippe. Karkasse nennt man das nach dem Tranchieren meist kleinerer Tiere zurückbleibende Knochengerüst samt eventuell anhaftender Fleischreste.
Marinieren	Ist das Einlegen von Lebensmitteln in eine gewürzte Flüssigkeit, um der Speise einen besonderen Geschmack und bessere Haltbarkeit zu verleihen.
Mehlschwitze	Traditionelles Bindemittel von Suppen und Soßen (Fett zerlassen und Mehl einrühren).
Parieren	Fleisch von Fett und Sehnen befreien.
Passieren	Flüssigkeiten durch ein Sieb oder Tuch geben.
Pürieren	Ein gares Lebensmittel wird stark zerkleinert. Früher war hierfür in vielen Haushalten die »Flotte Lotte« ein beliebtes Haushaltsgerät, z.B. um Apfelmus herzustellen.
Reduzieren	Flüssigkeit fast vollständig verkochen lassen (einkochen).
Stocken lassen	Das Garen von Eiern oder Eimasse, bei mäßiger Hitze im Topf oder Wasserbad, ohne dabei das Gargut umzurühren.
Wasserbad	Ist eine Methode, um Speisen indirekt mit Hitze zu versorgen. Dabei wird der Topf mit den Speisen in einen anderen Topf mit heißem Wasser auf den Herd gestellt.
Zerlassen	Butter oder Margarine in einer Pfanne oder einem Topf bei mäßiger Hitze schmelzen, aber nicht braun werden lassen.

Maße und Gewichte

1 gestr. EL Fett	15 g	1 Liter	1000 ml / 1000 ccm
1 gestr. EL Mehl	10 g	¾ Liter	750 ml / 750 ccm
1 geh. EL Mehl	15 g	½ Liter	500 ml / 500 ccm
		⅜ Liter	375 ml / 375 ccm
1 kleine Zwiebel	30 g	¼ Liter	250 ml / 250 ccm
1 mittlere Zwiebel	50 g	⅛ Liter	125 ml / 125 ccm
1 große Zwiebel	70 g		
		1 TL	5 ml
1 kleine Kartoffel	70 g	1 EL	15 ml
1 mittlere Kartoffel	120 g	1 Schnapsglas	20 ml / 2 cl
1 große Kartoffel	180 g	1 Tasse	150 ml
½ kg	500 g		
1 kg	1000 g		

Abkürzungen

Msp.	Messerspitze
EL	Esslöffel
geh. EL	gehäufter Esslöffel
gestr. EL	gestrichener Esslöffel
TL	Teelöffel
geh. TL	gehäufter Teelöffel
gestr. TL	gestrichener Teelöffel
g	Gramm
kg	Kilogramm
ml	Milliliter
cl	Zentiliter
l	Liter
ccm	Kubikzentimeter
Pck.	Päckchen
°C	Grad Celsius
TK	Tiefkühlkost

Rezeptregister, alphabetisch

E

F

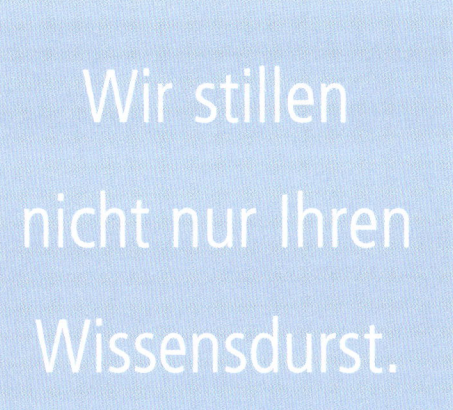

J

K

L

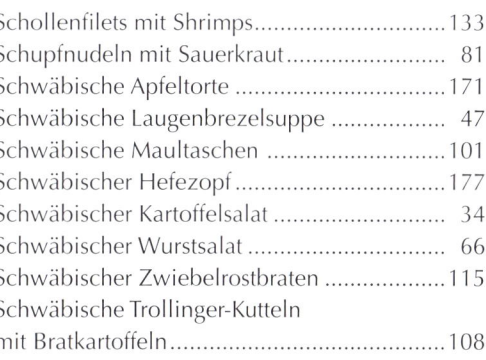

T

V, W

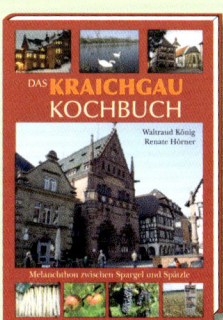
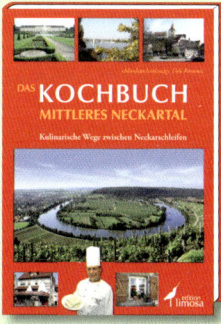

Danksagung

Dieses Kochbuch entstand im Laufe von über einem Jahr. Es bedurfte der gemeinsamen Anstrengung und dem bereichernden Zusammenwirken vieler Menschen, die uns hilfreich zur Seite standen. In vielen positiven Begegnungen erhielten wir interessante Anregungen und Hinweise.

Unsere Initiatorin Waltraud Weller musste anfangs große Überzeugungsarbeit leisten, aber dann sprang der Funke der Begeisterung auf die Mitautoren Ursula Leuze, Waltraud Müller und Marianne Schleicher über.

Vielen Dank all denjenigen, die uns unterstützt und auf vielfältige Weise zum Entstehen und Gelingen dieses Kochbuches beigetragen haben. Wir danken allen Freunden und Bekannten für ihr Verständnis dafür, dass wir während des Entstehens dieses Buches so wenig Zeit für sie hatten.

OB Jürgen Kessing, Bietigheim-Bissingen; Hanne Arnold-Dilger, Buchrain, Schweiz; Familie Auch, Vaihinger-Mühle; Dr. Gunhilde Avitabille; Reinhard Baumgärtner, Weinbau Sachsenheim-Hohenhaslach; Ingeborg Belzhuber, Besigheim; Stefan Benning, Stadt Bietigheim-Bissingen; Eberhard Blatter, Bäckerei, Konditorei in Bietigheim-Bissingen; Regina Brunner-Beck, Ludwigsburg; Karl-Heinz Burrer, Gasthaus zum Lamm, Gündelbach; Malin Carlstedt, Düsseldorf; Catherine Carlstedt-Söderman, Stockholm, Schweden; Ahmet Dirlik, La Frutta, Bietigheim-Bissingen; Sonja Eisele, Stadt Bietigheim-Bissingen; Erich Eppler, Bietigheim-Bissingen; Wolfgang und Gerlinde Fessler, Fessler-Mühle, Sersheim; Martina Fischer, Stadt Vaihingen; Philip Gäbelein, Hotel und Restaurant Eberhards in Bietigheim-Bissingen; Offset Druck Geiler, Bietigheim-Bissingen; Sigrid Geisler, Bietigheim-Bissingen; Manfred Gemrig, Gasthof Stomberg in Ochsenbach; Rose Glamser, Bietigheim-Bissingen; Wolfgang Gläser, Bietigheimer-Zeitung; Ursula Götz, Freiberg; Gabi Günsche, Jasper, USA; Willy Haberstroh, Horrheim; Susanne Hachenberger, Bietigheim; Jörg Hanczuk, Bietigheim; Albrecht Hauber, Strombergkellerei, Bönnigheim; Gabriele Heinz, Erligheim; S. Herbst, Möbel Staudt, Bietigheim-Bissingen; Mini Hinzel, Sachsenheim; Anette Hochmuth, Stadt Bietigheim-Bissingen; Familie Hoffmann, EDEKA, Sachsenheim; Familie Hübner, Mettermühle in Bietigheim-Bissingen; Regina Ille-Kopp, Stadt Bietigheim-Bissingen; Hans Jäger, Vinothek Bönnigheim; Ruth Jarkovsky, Castricum, Holland; Else Jogwer, Sachsenheim; Kanuclub, Bietigheim-Bissingen; Gärtnerei Kiemle in Bietigheim-Bissingen; Carolin Kiesel, Getränkemarkt in Bietigheim-Bissingen; Vincent Klink, Restaurant Wielandshöhe in Stuttgart; Regina Köhler, Bietigheim-Bissingen; Familie Kraut, Ölmühle in Illingen; Nadine Krech, Apotheke im Aurain, Bietigheim-Bissingen; Kreissparkasse Ludwigsburg; Karin Kümmerle, Bietigheim-Bissingen; Johanna Kumar, Kornwestheim; Walter Kurz, Bietigheim-Bissingen; Susanne van Loon, Bietigheim-Bissingen; Benjamin Maerz, Hotel und Restaurant Rose in Bietigheim-Bissingen; Karolina Manitz, Tripsdrill; Familie Mauch, Obstbau Vaihingen-Ensingen; Angela May, Blessing 4 you, Büchergeschäft in Bietigheim-Bissingen; Blumen-Mayer, Bietigheim-Bissingen; Christiane Munz, Obstgarage in Bietigheim-Bissingen; Dr. Brigitte Mussgay, Ernährungszentrum Ludwigsburg; Sigrid Nägele, Ingersheim; Manfred Näher, Gasthaus Rose in Hohenhaslach; Gerda Ott, Stuttgart;

Johanna Ott, Ernährungszentrum Ludwigsburg; Stefan Pfuhl, Markgröningen; Luigino Pizzin, La Bottega, Bietigheim-Bissingen; Trudl Pöhnl, Bietigheim-Bissingen; Gerti Reichel, Neunkirchen-Seelscheid; Ursel Rösch, Bietigheim-Bissingen; Suse Roselius, Bietigheim-Bissingen; Dr. Petra Schad, Stadtarchiv Markgröningen; Dieter Schedy, Besigheim; Familie Schillinger, Schwarzwaldstube in Gündelbach; Heinz Schmale, Tulipino, Bietigheim-Bissingen; Klaus B. Schmidt, Hotel und Restaurant Otterbach in Bietigheim-Bissingen; Burkhard Schork, Hotel und Restaurant Friedrich von Schiller in Bietigheim-Bissingen; Familie Schuhmacher, Lammhof in Ochsenbach; Dolores Schweizer, Philadelphia, USA; Thabea Seitel, Blumen, Bietigheim-Bissingen; Hilde Seitz, Felsengartenkellerei, Besigheim; Metzgerei Siegle, Bietigheim-Bissingen; Gabi Späth, Blumen in Besigheim; Sandra Taraborrelli, Stadt Oberriexingen; Traute Theurer, Obst- und Gartenbau-Verein, Bietigheim-Bissingen; Bastian Tröger, Köln; Familie Scheuler, Hofladen in Löchgau; Werbeagentur Leonie Ungerer, Bad Schönborn; Reiner Volz, Restaurant Burghof in Bietigheim-Bissingen; Eva Wöhr, Strombergkellerei, Bönnigheim; Erich und Jael Weiberle, Hofladen Kirbachhof; Marianne Zibold, Backhäusle in Unterriexingen

Bildquellennachweis

S. 3 (gr): Edition Limosa GmbH; 7 (kl): Jörg Hanczuk; 9 (kl): Archiv Stadt Bietigheim-Bissingen; 14 (kl): Stadtarchiv Bietigheim-Bissingen; 19 (gr): Stadtarchiv Bietigheim-Bissingen; 22 (kl, gr): Familie Kiemle; 23 (kl): Susanne van Loon/Stadtarchiv Bietigheim-Bissingen; 26 (gr): Erich Eppler; (kl.): Dr. Petra Schad, Stadtarchiv, Markgröningen; 28 (kl, gr): Erich Eppler; 33 (kl): Familie Schuhmacher; 34 (kl): Stadtarchiv Bietigheim-Bissingen; 35 (kl): Else Jogwer, Kanuclub Bietigheim-Bissingen; 36 (gr): Jörg Hanczuk; 38 (kl): Sigrid Geisler; 41 (gr): Stadtarchiv Markgröningen; 46 (kl): Sigrid Geisler; 51 (kl): Stadtarchiv Bietigheim-Bissingen; 52 (gr): Erich Eppler; 56 (gr): Erich Eppler; 58 (kl): Burkhard Schork; 60 (kl): Werner Kuhnle; 64 (kl): Karolina Manitz; 68 (kl): Werner Fessler; 69 (kl): Werner Fessler; 70 (kl): Ernährungszentrum Landratsamt Ludwigsburg; 74 (kl): Stadtarchiv Bietigheim-Bissingen; 81 (kl): Bonbonmuseum, Vaihingen; 87 (kl): Stadtarchiv Bietigheim-Bissingen; 89 (kl): Sigrid Geisler; 94 (kl): Sigrid Geisler; 112 (kl): Archiv Obst- und Gartenbau Verein; 120 (gr): Familie Schuhmacher; 128 (kl, gr): Sigrid Geisler; 129 (gr): Else Jogwer, Kanuclub Bietigheim-Bissingen; 130 (gr): Peter Riedel; 131 (kl): Peter Riedel; 133 (kl): Susanne van Loon/Stadtarchiv Bietigheim-Bissingen; 133 (gr): Else Jogwer, Kanuclub Bietigheim-Bissingen; 149 (kl): Bastian Tröger; 151 (kl): Sigrid Geisler; 162 (kl): Burkhard Schork; 170 (kl): Susanne van Loon/Stadtarchiv Bietigheim-Bissingen; 180 (kl): Susanne van Loon/Stadtarchiv Bietigheim-Bissingen; 184 (kl): Sigrid Nägele; 185 (kl): Sigrid Nägele; 186 (kl): Werbeagentur Leonie Ungerer; 191 (kl): Susanne van Loon/Stadtarchiv Bietigheim-Bissingen; 193 (gr): Peter Riedel; 194 (gr): Susanne van Loon/Stadtarchiv Bietigheim-Bissingen; Umschlag hinten (ul): Familie Fessler, Sersheim

Alle übrigen Fotos im Innenteil und auf dem Umschlag stammen vom Autorenteam.